Erwin J. Knöll

Konzeption und Aufbau von Informationsstrukturen für das
World Wide Web

Bibliografische Information der Deutschen Nationalbibliothek:

Bibliografische Information der Deutschen Nationalbibliothek: Die Deutsche Bibliothek verzeichnet diese Publikation in der Deutschen Nationalbibliografie; detaillierte bibliografische Daten sind im Internet über http://dnb.d-nb.de/ abrufbar.

Copyright © 1996 Diplomica Verlag GmbH
Druck und Bindung: Books on Demand GmbH, Norderstedt Germany
ISBN: 9783838640136

http://www.diplom.de/e-book/219648/konzeption-und-aufbau-von-informations-strukturen-fuer-informationsanbieter

Erwin J. Knöll

Konzeption und Aufbau von Informationsstrukturen für Informationsanbieter im World Wide Web

Diplom.de

Erwin J. Knöll

Konzeption und Aufbau von Informationsstrukturen für Informationsanbieter im World Wide Web

Diplomarbeit
an der Fachhochschule Frankfurt am Main
Fachbereich Wirtschaft
Institut für Industriebetriebslehre und Arbeitsorganisation, Lehrstuhl für
Prof. Dr. Peter Zöller-Greer
6 Monate Bearbeitungsdauer
September 1996 Abgabe

Diplom.de

Diplomica GmbH
Hermannstal 119k
22119 Hamburg

Fon: 040 / 655 99 20
Fax: 040 / 655 99 222

agentur@diplom.de
www.diplom.de

ID 4013

ID 4013
Knöll, Erwin J.: Konzeption und Aufbau von Informationsstrukturen für
Informationsanbieter im World Wide Web
Hamburg: Diplomica GmbH, 2001
Zugl.: Frankfurt am Main, Fachhochschule, Diplomarbeit, 1996

Kontakt:

Erwin J. Knöll

Böhmerstraße 44

D 60322 Frankfurt / M.

Tel. / Fax: 069 / 59 82 73

eMail:

knoell@em.uni-frankfurt.de

oder

100.3413@GermanyNet.de

Homesite:

http://www.rz.uni-frankfurt.de/~smiling

Website der Stadt Rüsselsheim:

http://www.stadt-ruesselsheim.de

Ehrenwörtliche Erklärung

Ich versichere,

- daß ich diese Diplomarbeit selbständig verfaßt habe,

- daß ich keine anderen als die angegebenen Quellen und Hilfsmittel benutzt habe,

- daß diese Diplomarbeit bei keinem anderen Prüfungsverfahren vorgelegt wurde.

Frankfurt am Main, den 20. September 1996

Erwin J. Knöll

Inhaltsverzeichnis

1. Einleitung

In der vorliegenden Diplomarbeit geht es um die Konzeption und den Aufbau
von Informationsstrukturen für Informationsanbieter im World Wide Web.

Unter der *Konzeption* verstehe ich die Vorüberlegungen zur behandelten
Materie, die Planung, die Analyse und das Design von Informationsstrukturen.
Der *Aufbau* beschäftigt sich dagegen mit der Implementation, dem Test, der
Promotion und der Administration dieser Strukturen. Gerade im Zeitalter der
„informationellen Revolution" als Nachfolger der industriellen Revolution bedeutet Stillstand automatisch einen Rückschritt, deshalb wird auch der Punkt „Inno-
vation" – in dem sowohl Konzeption als auch Aufbau wiederum involviert sind –
in dieser Diplomarbeit abschließend diskutiert. Jede Stufe sollte in Rückkoppe-
lung zu der ihr übergeordneten stehen, um dynamisch auf Änderungen reagieren zu können und somit einen möglichst reibungslosen Ablauf zu
garantieren.

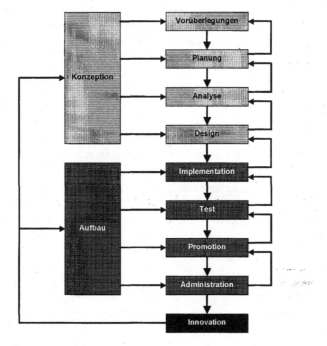

Abb. 1: Überblick über die Konzeption und den Aufbau von Informationsstrukturen

Informationsstrukturen sind vielschichtig und können äußerst komplexe Formen annehmen. Ich verstehe darunter in dem hier betrachteten Zusammenhang nicht bloß die *reinen* Informationen, sondern auch alle Mechanismen und Werkzeuge zu ihrer Realisierung.

Gerade das Internet mit seinem wichtigsten Dienst, dem World Wide Web, bietet heute Informationsanbietern wie Institutionen, Firmen und auch Privatpersonen eine bisher noch nie dagewesene Möglichkeit, komplexe und umfangreiche Sachverhalte einem Millionenpublikum weltweit anbieten zu können.

Auch die seit kurzem diskutierten Möglichkeiten Internet-Technologien in geschlossenen Netzen – den sogenannten *Intranets* – zu nutzen, fördert eine Bewegung zu plattformübergreifender und wirklich universeller Kommunikation, weg von den Insellösungen der Vergangenheit.

Eine Kosten- / Nutzenanalyse dieser Technologien zeichnet ein äußerst positives Bild im Vergleich zu traditionellen Lösungen, sowohl im Softwarebereich als auch bei der klassischen Werbung, zur Zeit insbesondere bei den Printmedien. In der nahen Zukunft ist damit zu rechnen, daß weitere wichtige Informationsbereiche wie Radio und TV in geeigneter Form integriert werden können. Eine Vielzahl von Pilotprojekten werden heute schon durchgeführt.

Die vorliegende Diplomarbeit versucht diesen Prozeß des Informationsdesigns in all seinen Stufen zu beschreiben und Hinweise auf mögliche Probleme zu geben. Die einzelnen Phasen werden je nach Erfordernis in einer allgemeinen bzw. abstrakten Form behandelt, bieten aber immer den Bezug zur Praxis am Beispiel der Website der Stadt Rüsselsheim, die von mir im Rahmen dieser Diplomarbeit in Zusammenarbeit mit der Stadt Rüsselsheim und der Firma Electronic Data Systems (EDS) gestaltet wurde.

2. Das Internet

2.1 Überblick

Das Internet wurde 1969 als ARPAnet[1] vom U.S. Department of Defense als militärische Anwendung ins Leben gerufen. In der damaligen Phase des kalten Krieges wollte man sicherstellen, daß durch einen gegnerischen Angriff die gesamten eigenen Computerkapazitäten nicht mit einem Schlag vernichtet werden konnten[2]. Um dies zu verhindern, wurde das dezentralisierte Networking mit Hilfe des ARPAnet eingeführt.

Um dem militärischen Forschungsbedarf Rechnung zu tragen, wurden in dieses Netz kurze Zeit später die Universitäten des Landes mit einbezogen. In den Jahren 1970 bis 1980 wuchs das Internet dann durch den Zusammenschluß mit anderen Netzen, z.B. dem BITNET[3], dem USENET[4] und dem UUCP-Netz[5], rasch weiter.

Nach Ende des kalten Krieges verlangte die amerikanische Öffentlichkeit die Öffnung des Internet für die Allgemeinheit, die es schließlich die Jahre zuvor mit ihren Steuergeldern finanziert hatte. Durch diese Öffnung und die damit zivile, aber immer noch sehr wissenschaftlich orientierte Nutzung und gefördert durch die damit einhergehende globale Vernetzung, erlebte das Internet einen weiteren starken Wachstumsschub.

---

[1] *Advanced Research Projects Agency*, heute *Defense Advanced Research Projects Agency* (DARPA) genannt.

[2] Man halte sich vor Augen, daß dies bei der zu dieser Zeit üblichen Zentralisierung der Rechenkapazitäten – bedingt durch Mainframes – durchaus möglich gewesen wäre.

[3] „Because It's Time" - Net, ein großes Wide Area Network (WAN) in den USA mit eigenen Protokollen, unterstützt nur eMail über ein Gateway-Programm.

[4] „Users Network", siehe Abschnitt „Dienste nach außen" auf S. 18

[5] „UNIX to UNIX Copy Protocol", ein älterer Standard, um Daten auszutauschen und ebenso wie das BITNET weit verbreitet in den USA, allerdings mit sinkender Tendenz. Unterstützt eMail- und News-Dienste über Gateway-Programme.

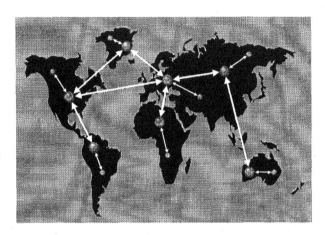

Abb. 2: Aufbau des Internet (Prinzip)

Die Teilnahme am Internet kann prinzipiell auf zwei Arten erfolgen[6]:

■ *Informationsproduzenten* (große Punkte in Abb. 2) betreiben einen Internet-Server, auf dem sie ihre Informationen allen Internet-Teilnehmern zur Verfügung stellen.

■ *Informationskonsumenten* (kleine Punkte in Abb. 2) rufen die bereitgestellten Informationen mit Client-Programmen ab. Sofern sie nicht den genauen Ort der benötigten Information kennen bzw. sich über ein Thema allgemein informieren wollen, können sie z.B. die Hilfe von Suchprogrammen in Anspruch nehmen.

Das Internet ist für kommerzielle Transaktionen bisher nur bedingt einsatzfähig, da es noch an geeigneten Sicherheitsmechanismen für die Übertragung von sensitiven Daten fehlt, z.B. werden Kreditkartennummern bisher im Klartext übertragen, sofern keine proprietären Protokolle eingesetzt werden. Aber auch in diesem Bereich sind starke Anstrengungen im Gange und es ist damit zu rechnen, daß in naher Zukunft ein Standard für die Übertragung von sicherheitsrelevanten Informationen zur Verfügung steht[7].

---

[6] Dies gilt insbesondere für den am meisten genutzten Dienst des Internet, dem World Wide Web, weitere Informationen hierzu im gleichnamigen Abschnitt ab S.23

[7] Eine Betrachtung der möglichen Datenschutz-Risiken im kommerziellen Bereich findet sich z.B. in *Cooper* [et al.]: Implementing Internet Security, 1995, Kapitel 9

Das Internet, wie es sich augenblicklich darstellt, ist *kein* Synonym für den vielbeschworenen „Information Highway" bzw. „Information-Superhighway"[8], höchstens eine sehr grobe und einfache Annäherung daran. Ein Haupthindernis sind dabei die bisher zur Verfügung stehenden niedrigen Datenübertragungs-bandbreiten. Für viele geplante Dienste des „Information Highway" wie z.B. *Video on Demand (VOD)* oder *Interactive Television (ITV)* sind sie im Augenblick noch völlig ungenügend und machen eine Realisierung unmöglich[9].

2.2 Das Internet in Zahlen

Das Internet ist heute das größte Netzwerk der Welt[10] und verbindet weltweit ca. 9,5 Mio. Server (Internet-Hosts) miteinander, auf die ca. 39 Mio. Nutzer zugreifen. Aber bei weitem nicht alle können auch sämtliche Dienste des Internet nutzen. Einige Teilnetze des Internet unterstützen nur die Dienste News und Mail, die meisten inzwischen aber WWW, FTP und Telnet[11], wie die folgende Abbildung verdeutlicht:

---

[8] Dieser auch unter einer Vielzahl von anderen Begriffen wie Infobahn, Infohighway oder Digital Highway zu großer Bekanntheit gelangte Begriff wurde 1988 von dem amerikanischen Vizepräsidenten Albert Gore jr. geprägt. Weitergehende Informationen zu diesem Thema finden sich z.B. in *Otte*: The Information Highway - Beyond the Internet, 1994 oder – bezogen auf die europäische Entwicklung – in *EITO/EEIG*: European Information Technology Observatory 1995, Part Two.

[9] Unter VOD versteht man die Auswahl von Filmen aus einer „virtuellen Videothek" zu Hause am Bildschirm mittels einer „Set-Top Box" statt eines Videorecorders, ITV ermöglicht es einem Zuschauer z.B. aktiv den Fortgang einer Filmhandlung zu bestimmen. Feldversuche mit proprietären Netzen wurden in den USA schon durchgeführt. In Deutschland startete am 28. Juli der Sender DF 1 mit einen Pay-TV-Angebot, das rudimentäres VOD und ITV ermöglicht.

[10] Genaugenommen ist es ein Netzwerk der Netzwerke, bestehend aus über 30.000 Teilnetzen. Vgl. *EITO/EEIG*: European Information Technology Observatory 1996, S. 74

[11] Eine Erläuterung der Dienste im Internet findet sich im gleichnamigen Abschnitt ab S. 17

Abb. 3: Nutzerstruktur der Internet-Dienste[12]

Die vor etwa zwei Jahren einsetzende Kommerzialisierung des Internet durch den bis dahin entstandenen Benutzer- und damit potentiellen Kundenkreis brachte ein fast exponentielles Wachstum mit sich (zeitweilig bis 1 Mio. Teilnehmer weltweit pro Monat). Problematisch dabei ist die auseinander-laufende Entwicklung zwischen der Anzahl der Nutzer und der vorhandenen Netzinfrastruktur. Die Folge sind teilweise sehr niedrige Datenübertragungsraten zum Endbenutzer hin, er erlebt sie als „Stau" auf der Datenautobahn.

Man kann im Internet nicht nur Informationen aus allen Teilen der Welt abrufen, sondern es besteht inzwischen fast überall auch die Möglichkeit des lokalen Zugangs für die Nutzer:

---

[12] Aufbereitete Grafik, Quelle des Originals: Matrix Information and Directory Services Inc. (MIDS), Oktober 1995, URL: http://www2.mids.org/ids3/big9510.gif.

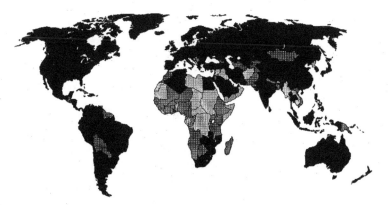

■ Internet ■ BITNET aber kein Internet ▓ Nur eMail (UUCP, Fidonet) ▒ kein Anschluß

Abb. 4: Globale Übersicht der Staaten mit Zugang zu Online-Diensten[13]

Den durch die globale Anbindung an das Internet ausgelösten Nachfragesog nach Information ganz unterschiedlicher Art spiegelt auch die Reaktion der Anbieterseite wider. Nicht nur die Menge der Internet-Server (Hosts) stieg annähernd exponentiell, sondern auch die Anzahl der Präsentationen von Institutionen, Firmen und Personen im World Wide Web, ablesbar an der Zunahme der Eintragungen im *Domain Name System* (DNS)[14]:

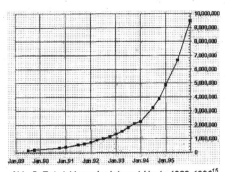

Abb. 5: Entwicklung der Internet-Hosts 1989-1996[15]

---

[13] Aufbereitete Grafik, Quelle des Originals: Larry Landweber, Internet Society, Juni 1995, URL: `http://info.isoc.org:80/images/mapv14.gif`

[14] Das *Domain Name System* wird im Abschnitt „IP-Adresse und Domain Name System" ab S. 26 besprochen.

[15] Aufbereitete Grafik, Quelle des Originals: A. M. Rutkowski, General Magic Inc., Februar 1996, URL: `http://www.genmagic.com/internet/trends/sld003.htm`, basierend auf Daten von M. Lottor, Network Wizards, URL: `http://www.nw.com/zone/WWW/report.html`

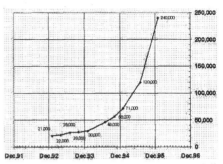

Abb. 6: Entwicklung der Internet-Domains im DNS[16]

Auch in der nahen Zukunft ist mit keinem Einbruch der Zuwachsraten zu rechnen, ganz im Gegenteil, ein weiteres, fast exponentielles Wachstum – zumindest im europäischen Raum – wird prognostiziert:

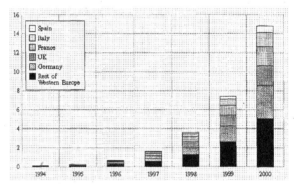

Abb. 7: Der Internet-Markt in Europa 1994-2000, Anzahl der Haushalte mit Internet-Zugang (in Mio.)[17]

Bedenkt man die bisher sehr kurze Phase der Kommerzialisierung des Internet (ca. zwei Jahre), so läßt sich im Vergleich mit bisherigen Entwicklungen erahnen, welches Marktpotential das Internet zukünftig in vielerlei Hinsicht bieten wird[18].

---

[16] Aufbereitete Grafik, Quelle des Originals: A. M. Rutkowski, General Magic Inc., Februar 1996, URL: http://www.genmagic.com/internet/trends/sld005.htm, basierend auf Daten von M. Lottor, Network Wizards, URL: http://www.nw.com/zone/WWW/ report.html.

[17] Quelle: *EITO/EEIG*: European Information Technology Observatory 1996, S. 169

[18] Zu den möglichen Entwicklungen im Internet siehe den Abschnitt *Ausblick* ab S. 145

2.3 Koordination des Internet

Das Internet ist ein Zusammenschluß der verschiedensten Netzwerkbetreiber: Forschungseinrichtungen, staatliche Organe und Firmen. Es „gehört" im eigentlichen Sinne niemanden, im Gegensatz zu kommerziellen Online-Diensten wie etwa Compuserve oder America Online, die eigene Informationen gegen Entgelt anbieten. So gut wie alle Informationen im Internet sind dagegen bis jetzt kostenfrei[19], was sich allerdings in der nahen Zukunft durch die Einführung von sicheren Zahlungsmechanismen ändern dürfte[20].

Verschiedene Institutionen und Gremien versuchen die Aktivitäten im Internet zu koordinieren. Die wichtigsten Institutionen und deren Publikationen beschreibt die folgende Abbildung:

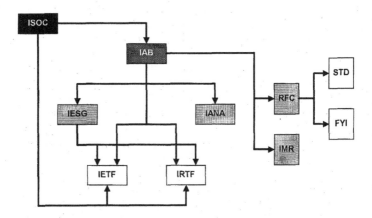

Abb. 8: Institutionen (rechts) und Publikationen (links) zur Koordination des Internet

Die *Internet Society* (ISOC) ist eine international tätige Organisation, die sich als Aufgabe die Koordination und Weiterentwicklung des Internet in all seinen Facetten gesetzt hat. Sie versucht in Absprache, die Ergebnisse des *Internet Architecture Board* (IAB), der *Internet Engineering Task Force* (IETF) sowie der

---

[19] Es fallen lediglich die Telefongebühren und die Kosten für den *Zugang* zum Internet an.

[20] In diesem Zusammenhang besonders hervorzuheben ist dabei das *Millicent*-System der Firma Digital, welches Anbietern ermöglicht, Informationen auch zu Pfennigbeträgen zu verkaufen. Weitere Informationen finden sich unter dem URL: http://www.research.digital.com/SRC/millicent/

Internet Research Task Force (IRTF) in ihre eigenen Bemühungen zu integrieren[21].

Das IAB kümmert sich hauptsächlich um die technische Weiterentwicklung der verwendeten Protokolle im Internet. Es macht seine Entscheidungen in der Online-Publikation *Internet Monthly Report*[22] (IMR) bekannt und veröffentlicht die *Request for Comments* (RFC).

RFCs sind Arbeitsdokumente aller Institutionen und Firmen, die sich mit der Weiterentwicklung des Internet beschäftigen und umfassen Themen zu einer Vielzahl von Bereichen, wie z.B. Protokolle oder Sprachen. Jeder interessierte kann einen Beitrag zur Veröffentlichung als RFC einreichen. Einige RFCs beschreiben allgemeingültige *Standards* (STD), eine andere Gruppe, die sich *For Your Information* (FYI) nennt, ist als Informationsquelle für alle Internet-Nutzer gedacht. Der Großteil existiert aber ausschließlich als RFC.

Dem IAB untergeordnet ist die *Internet Engineering Steering Group* (IESG), die IETF, die IRTF und die *Internet Assigned Numbers Authority* (IANA).

Die IESG verwaltet die Aufgaben der IETF und der IRTF, die IANA koordiniert die Vergabe von Werten (Systemnamen, Typfelder, Opcodes etc.) für die verschiedenen Internet-Protokolle. Die IETF koordiniert die kurzfristige technische Entwicklung im Internet, wogegen sich die IRTF mit der langfristigen technischen Weiterentwicklung befaßt[23].

2.4 Dienste im Internet

2.4.1 Überblick

Der *Cyberspace* – ein von dem Science Fiction Autor William Gibson 1984 in seinem Buch „Neuromancer"[24] geprägter Begriff – umfaßt alle heute weltweit existierenden Online-Datendienste, also z.B. auch Mailboxen[25], BTX[26] oder

---

[21] Weitere Informationen zur ISOC unter dem URL: `http://info.isoc.org:80/infosvc/index.html`

[22] Zu beziehen über die Mailing-Liste `imr-request@isi.edu`

[23] Weitere Informationen finden sich z.B. in den RFCs 1718, 1594 und 1392, zu beziehen unter dem URL: `ftp://ds.internic.net/rfc/`

[24] Deutsche Ausgabe: *Gibson*, William: Neuromancer, München, Heyne 1987

[25] Bezogen auf die Dienste eMail, News und FTP gewissermaßen ein Vorläufer des Internet.

[26] Bildschirmtext, z.B. T-BTX der Deutschen Telekom AG oder Minitel der französischen France Telecom.

Anbieter von kommerziellen Diensten (Patentrecherche, medizinische Datenbanken etc.). Ein Großteil des Cyberspace wird inzwischen vom Internet eingenommen, dessen wichtigste Dienste im folgenden kurz erläutert werden:

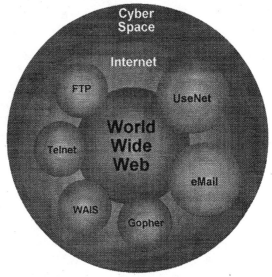

Abb. 9: Topologie des Cyberspace aus Sicht des Internet mit seinen wichtigsten Diensten

2.4.2 Dienste nach außen

Das Internet stellt mehrere Dienste für die Kommunikation mit dem Rest des Cyberspace bereit.

Das Usenet (User's Network) ist das größte Diskussionsforum der Welt mit inzwischen weit über 14000 Foren, den sogenannten *Newsgroups*. Es funktioniert nach dem „Schwarzen-Brett-Prinzip", d.h. Teilnehmer *posten* (senden) Diskussionsbeiträge an ein bestimmtes Forum, die von anderen Teilnehmern gelesen und ggf. beantwortet werden können. Die Mitteilungen sind öffentlich, jeder interessierte kann an einem Forum teilnehmen. Es besteht also eine n : n (many-to-many) - Kommunikation. Das verwendete *Network News Transport Protocol* (NNTP)[27] wird benutzt, um eine Verbindung zu einem NNTP-Server herzustellen und um auf die Newsgroups zuzugreifen, aus denen das Usenet besteht.

---

[27] Beschrieben in RFC 977, zu beziehen über den URL: `ftp://ds.internic.net/rfc/rfc0977.txt`

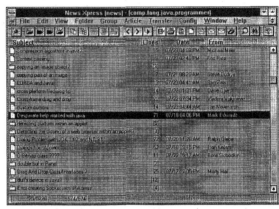

Abb. 10: Beispiel einer Newsgroup, die sich mit der Java-Programmierung befaßt[28]

Der Versand einer eMail ist dagegen im allgemeinen nur für eine bestimmte Person gedacht, es besteht im Normalfall also eine 1 : 1 (One-to-One) - Kommunikation[29]. Über eMail können einfache Nachrichten bis hin zu komplexen Dokumenten (z.B. Word- oder Excel-Dateien) und Grafiken versendet werden (allerdings nur in kodierter Form, siehe nächsten Absatz). Die Zustellungszeiten liegen dabei in der Regel weltweit bei einigen Minuten. Die Zusammenarbeit an einem Projekt mit Mitarbeitern · an geographisch verschiedenen Orten ist mittels eMail ohne weiteres möglich. In Analogie zur herkömmlichen Post[30] ist eine normale eMail allerdings eher mit einer Postkarte, als mit einem Brief zu vergleichen. Der Inhalt einer eMail wird im Klartext versendet und kann unter Umständen mitgelesen werden[31]. Spezielle Programme zur Verschlüsselung von eMails – z.B. das Programm *Pretty Good Privacy[32]* (PGP) von Phil Zimmermann – schaffen hier Abhilfe[33]. Zur Beförderung von eMails werden die Protokolle *Simple Mail Transfer Protocol*

---

[28] Weitere Informationen zu Java finden sich im Abschnitt *Java und Javascript* auf S. 140

[29] Eine Person kann auch dieselbe eMail an eine ganze Reihe von anderen Personen schicken (Serienbrief-Prinzip), was einer 1 : n (One-to-Many) - Kommunikation entsprechen würde.

[30] Im Online-Jargon: *Snail-Mail* (Schneckenpost).

[31] Beispielsweise durch den Einsatz sogenannter „Sniffer"-Software.

[32] Im Gegensatz zur internationalen Version darf die amerikanische Originalversion aus patentrechtlichen Gründen (PGP benutzt zum Teil RSA-Algorithmen von *Rivest, Shamir* und *Adleman*) nur in den USA und Kanada vertrieben werden.

[33] Eine ausführliche Behandlung zum Thema eMail-Verschlüsselung findet sich z.B. in *Bacard*: The Computer Privacy Handbook, 1995. Eine allgemeine Einführung in die Kryptologie findet sich in *Knöll*: Möglichkeiten des technischen Datenschutzes, 1994 unter dem URL: http://www.rz.uni-frankfurt.de/~smiling/u-00100.htm

(SMTP) im Internet sowie das *Post Office Protocol - Version 3* (POP3) auf Empfängerseite – zum Abrufen der eMails vom Host – verwendet[34].

Abb. 11: Beispiel zur Kommunikation via eMail

Es ist zu beachten, daß Textdaten über die meisten Internet-Dienste, insbesondere eMail und News, nur im 7-Bit-Format (ASCII[35]) transportiert werden, binärkodierte Daten aber ein 8-Bit-Format benötigen. Die Umwandlung binärkodierter Daten in ein protokollverträgliches Zwischenformat erledigen heute viele Programme automatisch. Bei normalen Texten ist der Zeichenvorrat aber durch den ASCII-Zeichensatz auf 128 mögliche Zeichen beschränkt, die teilweise auch feste Bedeutungen als Steuerzeichen haben. Der Wagenrücklauf (Carriage Return) entspricht z.B. dezimal dem Zeichen 13, das große A dem Zeichen 65. Im europäischen Raum benötigte Umlaute und andere Sonderzeichen sind aber erst in proprietären 8-Bit Textformaten definiert[36], so daß diese nicht benutzt werden sollten, da sie beim Empfänger der Nachricht nicht mehr, bzw. falsch, enthalten sind. Die Worte „nötige Beschränkung" würden dem Empfänger der Nachricht also z.B. als „ntige Beschrnkung" erscheinen und sollten deshalb als „noetige Beschraenkung" verfaßt werden.

---

[34] Zu den technischen Details von SMTP und POP siehe z.B. *Rose*: The Internet Message, 1993

[35] American Standard Code for Information Interchange.

[36] Das wichtigste plattformübergreifende Format ist der sogenannte ANSI-Zeichensatz des *American National Standards Institute*, vergleichbar dem *Deutschen Institut für Normung* (DIN). Er besteht aus dem ASCII-Zeichensatz und 128 zusätzlichen Buchstaben und Sonderzeichen verschiedener Sprachen.

2.4.3 Interne Dienste

Sollen im Internet Daten zwischen zwei Rechnern übertragen werden, so geschieht das über das File Transfer Protocol (FTP)[37]. Dabei ist es gleichgültig, ob diese Daten als Klartext (ASCII-Format) oder in binärer Form vorliegen. FTP-Programme arbeiten entweder zeilenorientiert oder sind in eine graphische Benutzeroberfläche integriert. Viele FTP-Server haben öffentlich zugängliche Bereiche (*Anonymous FTP*), geschützte Bereiche mit Login-Name und Passwort sind aber ebenso möglich.

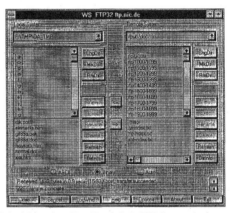

Abb. 12: Beispiel für einen Zugriff auf einen FTP-Server via Anonymous FTP

Unter dem Namen Gopher[38] versteht man sowohl ein Protokoll[39] als auch bestimmte Server- und Client-Typen. Gopher-Clients stellen Informationen in einer hierarchisch-strukturierten Form zur Verfügung, nach denen immer auch gesucht werden kann. Gopher stand einst in direkter Konkurrenz zum World Wide Web, hat aber heute nur noch eine untergeordnete Bedeutung, nicht zuletzt deswegen, weil er lediglich Text, jedoch keine Grafiken o.ä. darstellen kann. Als alternative Informationsquelle zu konkurrierenden Internet-Diensten hat er aber bis heute seine Daseinsberechtigung nicht eingebüßt.

---

[37] Spezifiziert in RFC 959 / STD 9, URL: `ftp://ds.internic.net/rfc/rfc0959.txt`

[38] So benannt nach dem Maskottchen (einer Taschenratte) der Universität von Minnesota, die Gopher entwickelt hat.

[39] Spezifiziert in RFC 1436, URL: `ftp://ds.internic.net/rfc/rfc1436.txt`

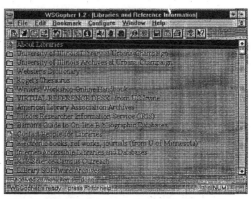

Abb. 13: Beispiel für einen Zugriff auf einen Gopher-Server

Telnet ist ein Terminal-Protokoll[40], das dem Benutzer den Echtzeitzugriff auf einen Rechner an einem physikalisch beliebigen Ort erlaubt, so als würde man direkt vor dessen Bildschirm sitzen. Wie der Name Terminal-Protokoll schon sagt, sind aber lediglich Textein- bzw. ausgaben möglich, also kein Zugriff über eine graphische Benutzeroberfläche (GUI[41]) moderner Betriebssysteme.

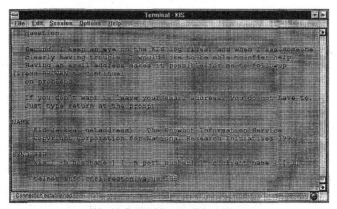

Abb. 14: Beispiel für eine Telnet-Sitzung

Wide Area Information Server (WAIS) erlauben das Auffinden von beliebigen Informationen im Internet anhand von Indexdateien. Sie sind inzwischen aber eher als Ergänzung zu den verschiedenen Suchmaschinen (Search-Engines) im World Wide Web zu sehen.

---

[40] Beschrieben in RFC 854 / STD 8, URL: `ftp://ds.internic.net/rfc/rfc0854.txt`
[41] Graphical User Interface.

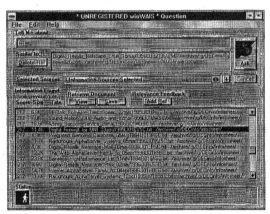

Abb. 15: Beispiel einer WAIS-Abfrage

2.5 Das World Wide Web

Einige Mechanismen der in den folgenden Abschnitten diskutierten Themen gelten sowohl für das World Wide Web (WWW) als auch für das Internet allgemein. Sie werden hier unter besonderer Berücksichtigung des WWW als populärsten Dienst des Internet behandelt. Dies gilt insbesondere für die Abschnitte „IP-Adresse und Domain Name System" und „Der Uniform-Resource-Locator". Entsprechende Hinweise finden sich auch jeweils im Text.

2.5.1 Überblick

Das World Wide Web ist ein verteiltes Hypermedia-Informationssystem und als bedeutendster Dienst des Internet weltweit vertreten und erreichbar. Es enthält inzwischen Informationen zu allen erdenklichen Themenbereichen wie Wirtschaft, Politik, Unterhaltung etc.

Es besitzt eine eigene Sprache (HTML, Hypertext Markup Language) und ein eigenes Protokoll (HTTP, Hypertext Transfer Protocol)[42]. Alle Informationen sind auf Seiten verteilt, die aus Hypertext bzw. Hypermedien bestehen. Hypertext ist Text, der nicht den Einschränkungen einer linearen Struktur – wie etwa ein Buch – unterliegt. Mit Hilfe von Verknüpfungen (Hyperlinks) kann man auf andere Seiten verzweigen. Es ist dabei völlig unerheblich, ob sich eine referenzierte Seite auf dem eigenen oder auf einem anderem im World Wide Web

---

[42] Weitere Informationen zur HTML finden sich im Abschnitt „Die Hypertext Markup Language" ab S. 88, zum HTTP im Abschnitt „Das Hypertext Transfer Protokoll" auf S. 29

erreichbaren Server befindet. Eine Verallgemeinerung von Hypertext sind Hypermedien, die zusätzlich auch Grafiken, Video, Töne, Musik und Sprache beinhalten können.

Abb. 16: Beispiel für den Abruf einer HTML-Seite mit einem Web-Client

Das World Wide Web arbeitet wie das gesamte Internet nach dem Client-Server-Prinzip:

■ *Web-Clients* – auch (Web-) Browser[43] oder allgemein User-Agents genannt – sind Programme, mit denen Hypertext- bzw. Hypermedia-Dokumente auf der jeweiligen Betriebssystemplattform betrachtet werden können.

■ *Web-Server* verwalten ihre Hypertext- bzw. Hypermedia-Dokumente und stellen sie den Web-Clients auf Anfrage via HTTP zur Verfügung. Darüber hinaus unterstützen viele inzwischen auch andere Internet-Dienste (eMail, Usenet, FTP etc.)

Sowohl Web-Server als auch Web-Clients sind inzwischen für fast alle Betriebssystemplattformen bzw. deren GUIs vorhanden (MS-Windows, X-Windows, MacOS u.a.).

Das Client-Server-Prinzip gilt für alle Dienste im Internet:

---

[43] Von *to browse*, sich umsehen.

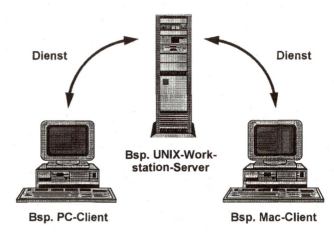

Abb. 17: Realisation aller Internet-Dienste nach dem Client-Server-Prinzip

2.5.2 Entwicklung

Das World Wide Web ist noch sehr jung und die heutige Entwicklung genauso rasant wie die historische: 1990 wurde der erste Prototyp eines WWW-Systems auf NEXT-Rechnern am CERN[44] in Genf entwickelt und schon kurz darauf folgten die ersten zeilenorientierten Clients für andere Plattformen. Im Mai 1991 wurde das Basismodell vorgestellt und im Dezember des gleichen Jahres fand die erste internationale Veröffentlichung im „CERN-Newsletter" statt, gefolgt von ersten Erwähnungen in Newsgroups Anfang 1992. Die im Juli 1992 erfolgte Veröffentlichung der WWW-Software, als Paket für UNIX im Internet und die freie Verfügbarkeit des Source-Codes, förderten die rasche Neu- und Weiterentwicklung von Servern und Clients. Kurz darauf entstanden die ersten Konvertierungsprogramme, die HTML-Dokumente aus anderen Textformaten erzeugen konnten. Im Januar 1993 wurde „NCSA-Mosaic"[45] als Alpha-Release im Internet veröffentlicht und wurde zur „Killer-Applikation" des WWW. Durch die seinerzeit revolutionär einfache Bedienung und die Möglichkeit Grafiken darzustellen, erschloß sich das WWW einer ganz neuen Benutzergruppe: Auch Personen, die keine ausgeprägten Systemkenntnisse besaßen, konnten nun mit dem WWW arbeiten. Zu dieser Zeit gab es bereits mehr als 50 öffentlich zugängliche Web-Server und ab Mitte 1993 begann auch eine (langsame)

---

[44] Centre Europeen pour la Recherche Nucleaire (Europäisches Institut für Teilchenphysik), URL: `http://www.cern.ch`

[45] Entwickelt am National Center for Supercomputing Applications der University of Illinois at Urbana-Champaign.

Ausweitung des WWW in Deutschland. Etwa ein Jahr später gab es die ersten Fachkongresse zum Thema. Die bis heute bedeutendste Veranstaltung ist die „International World Wide Web Conference", die ein- bis zweimal im Jahr in Städten auf der ganzen Welt stattfindet[46].

2.5.3 IP-Adresse und Domain Name System

Jeder Rechner, der an das Internet oder ein anderes Netzwerk unter der TCP/IP-Protokoll-Familie[47] angeschlossen ist, muß eindeutig identifizierbar sein. Diese Identifikation wird durch die Zuweisung einer IP-Adresse[48] im sogenannten *dotted quad* (auch *dotted octet*) - Format realisiert. Jede Adresse besteht aus 32 Bit, unterteilt in vier Sektionen zu je 8 Bit, die durch einen Punkt getrennt werden (daher die Namen des Formats), z.B. 147.120.3.28.

Die kleinste IP-Adresse wäre demnach 0.0.0.0, die größtmögliche 255.255.255.255. Die IP-Adressen werden zur besseren Handhabung in verschiedene Netzklassen (*Class A, B und C Networks*) unterteilt, einige IP-Adressen sind für bestimmte Funktionen reserviert (z.B. 127.0.0.1 für *Localhost*)[49].

Da sich Menschen Namen leichter merken können als Zahlen, wurde vor einigen Jahren das *Domain Name System* (DNS)[50] eingeführt. Gerade für Firmen ist es wichtiger, für ihre Kunden unter einem einfach zu merkenden Namen – wie etwa www.microsoft.com – erreichbar zu sein, als unter einer nichtssagenden Zahl. Zudem werden so Schreibfehler minimiert, die zu falschen oder gar keiner Verbindungen führen würden.

Das DNS ist im Prinzip ein verteiltes Datenbanksystem und wird dazu benutzt, Internet-Hosts über einen Namen anstatt einer IP-Adresse anzusprechen. Die Translation funktioniert in beide Richtungen, so kann man mittels eines

---

[46] Auch in Deutschland: Im April 1995 fand die „Third International World Wide Web Conference" in Darmstadt statt.

[47] *Transmission Control Protocol / Internet Protocol* - Bezeichnet eine ganze Familie von Protokollen, die die Basisdienste zur Datenübertragung für die übergeordneten Protokolle wie etwa HTTP, FTP, Telnet etc. zur Verfügung stellen. TCP/IP ist seit dem Beginn des Internet als ARPAnet im Einsatz. Der IP-Teil ist in RFC 791 / STD 5 beschrieben, der TCP-Teil in RFC 793 / STD 7, URL: ftp://ds.internic.net/rfc/

[48] Zum Teil auch etwas ungenau Internet- oder Netzwerk-Adresse genannt.

[49] Detailliertere Informationen zu den Netzklassen finden sich z.B. in *Pike* [et al.]: Using the Internet, 1995, S. 264 ff.

[50] Spezifiziert in den RFCs 921, 1034, 1035 und 1591. Eine empfehlenswerte Einführung findet sich in *Levine / Baroudi*: Internet Secrets, 1995, Kapitel 8

---

geeigneten Programms auch den Domainnamen zu einer IP-Adresse erfragen.
Für die Übersetzung sind spezielle *Name-Server* zuständig.

Domain-Namen werden zentral vom *Internet Network Information Center*
(InterNIC) oder einer ihm untergeordneten Organisation – in Deutschland durch
das *Deutsche Network Information Center* (DE-NIC) – vergeben[51].

Ein vollständiger Domain-Name (*Fully Qualified Domain Name*, FQDN) enthält
neben dem Hostnamen auch alle weiteren Angaben zur eindeutigen
Identifikation eines Hosts. Der Hostname `turing` ist z.B. kein FQDN,
`turing.cnrs.humboldt.edu` dagegen schon. Für ihn existiert die eindeutige
IP-Adresse `137.150.188.22`. Jeder FQDN enthält als letzten Bestandteil
seines Namens eine *Top-Level-Domain* (TLD), einen Hauptbereich, aus dem
man grobe Rückschlüsse auf die Herkunft des Domain-Namens ziehen kann.
Als das Internet noch eine nationale Einrichtung war, gab es lediglich TLDs für
bestimmte Bereiche. Nach der Internationalisierung wurde für die verschieden
Staaten ein *Zwei-Buchstaben-Ländercode* nach ISO 3166 eingeführt:

TLD:	Abkürzung für:	Erläuterung:	Beispiel:
com	Commercial	Kommerzielle Organisation	dell.com
edu	Education	Bildungseinrichtungen und Universitäten	ucla.edu
gov	Government	Staatliche Einrichtungen außer Militär	nasa.gov
net	Network	Netzwerke	nfs.net
mil	Military	Militärische Einrichtungen	navy.mil
int	International	Internationale Organisationen	nato.int
org	Organisation	Nichtkommerzielle Organisationen und Sonstige	acm.org
<xx>	–	Internationaler 2-Buchstaben-Ländercode nach ISO 3166	–

Tab. 1: Unterstützte Top-Level-Domains des InterNIC

---

[51] Siehe dazu auch den Abschnitt „Festlegen und Beantragen eines Domain-Namens" auf S. 43

ISO 3166 TLD:	Land:
de	Deutschland
ch	Schweiz
uk	Großbritannien
jp	Japan
us	USA

Tab. 2: Beispiele für Staatendomains[52]

Das DNS kann für alle wichtigen Dienste des Internet genutzt werden, wie z.B. WWW, FTP, Telnet etc., es ist aber kein Muß. Man kann nach wie vor jeden Internet-Host auch über seine IP-Adresse ansprechen und spart dadurch unter Umständen etwas Zeit, da der Übersetzungsvorgang durch den Name-Server entfällt.

2.5.4 Der Uniform-Resource-Locator

Die Adresse eines Dokuments, einer Datei oder eines Inhaltsverzeichnisses im Internet wird durch einen *Uniform Ressource Locator* (URL) beschrieben. Er hat folgendes Format:

`resource-type://internet-hostname[:port]/path/filename`

Der `resource-type` gibt den Übertragungstyp bzw. das entsprechende Protokoll an, der `internet-hostname` den gewünschten Server. Der optionale `port` identifiziert den gewünschten Service des Internet-Hosts. Er ist nur anzugeben, wenn der Service auf einem anderen als den Standard Port verfügbar ist. Für den `resource-type` „HTTP" gilt z.B. der Standard-Port „80". Der Pfad und der Dateiname entsprechen der normalen UNIX-Notation[53].

Beispiele für URLs:

■ `http://www.w3.org/hypertext/WWW/Clients.html`

---

[52] Eine vollständige und aktuelle Liste aller Staatendomains ist z.B. über die folgenden Newsgroups verfügbar: `comp.mail.misc`, `news.newusers.questions` und `alt.internet.services`

[53] Eine Diskussion zu URLs im speziellen findet sich in den RFCs 1738 und 1808, ein allgemeiner Ansatz in RFC 1630, die Belegung der Ports aller Internet-Dienste in RFC 1700, URL: `ftp://ds.internic.net/rfc/`

- `ftp://ds.internic.net/rfc/rfc1866.txt`

- `file:///c|/www/security/kerberos.html`

- `telnet://telnet.w3.org`

- `gopher://twinbrook.cis.uab.edu/11/internet/`

Wird nur der `resource-type` und der `internet-hostname` angegeben, so wird – abhängig vom Typ und der Konfiguration des Servers – in ein Standard-verzeichnis verzweigt oder eine bestimmte Datei aufgerufen. Im World Wide Web wird z.B. nach Angabe des URL `http://www.w3.org` normalerweise automatisch nach der Datei `index.html`, `index.htm` oder `welcome.html` gesucht.

2.5.5 Das Hypertext Transfer Protokoll

Das *Hypertext Transfer Protokoll* (HTTP) ist ein objektorientiertes Protokoll für ein verteiltes Hypermedia-Informationssystem. Es regelt die Übertragung von Daten zwischen Web-Servern und -Clients und wurde speziell für kurze Antwortzeiten entworfen[54].

Der Ablauf einer HTTP-Sitzung ist bewußt einfach gehalten und besteht prinzipiell aus den folgenden vier Operationen:

---

[54] Eine vorläufige Beschreibung der HTTP-Version 1.0 in RFC 1945 ist erst seit Mai 1996 verfügbar. Die Ausarbeitung zu einem Internet-Standard ist für die Zukunft geplant, URL: `ftp://ds.internic.net/rfc/rfc1945.txt`

Connection:	Der Web-Client initiiert eine TCP/IP-Verbindung zum Server. Der Server bestätigt die Verbindung
Request:	Der Web-Client stellt über eine *Request Message* eine Anfrage an den Web-Server. In der Request Message gibt der Client an, welche Protokollversion er spricht, um welches Dokument es sich handelt und mit welcher Methode es zu behandeln ist.
Response:	Der Web-Server sendet als Antwort eine *Response Message* an den Web-Client.
Close:	Der Verbindungsabbau erfolgt durch den Web-Server nach Übertragung der Daten oder durch den Web-Client, durch Abbruch der Verbindung.

Tab. 3: Ablauf einer Datenübertragung im HTTP-Format

Beim Web-Client „Netscape Navigator" der Firma *Netscape Communications* (siehe Abb. 16) lassen sich die in Tab. 3 geschilderten Phasen recht gut an der unteren Statusleiste ablesen und lassen somit Rückschlüsse bei Übertragungsproblemen zu.

3. Planung

3.1 Allgemeine Überlegungen

Wie zu Beginn eines jeden Projekts sollte man sich auch hier die Zeit nehmen und sich einige Gedanken zur (groben) Strukturierung machen. Die Kunst besteht dabei darin, die wichtigen Punkte, insbesondere die Meilensteine des Projekts, bis auf eine *sinnvolle* Ebene zu verfeinern. Die Erfahrung zeigt allerdings, daß es im Zweifel besser ist etwas detaillierter zu planen, als etwas zu grob. So gut wie immer treten während eines Projekts Veränderungen ein, auf die es kurzfristig und kreativ zu reagieren gilt. Neben einer ausgearbeiteten Aufgabenstellung sollten auch die Vorgehensweise, die Anforderungen, Termine und Preise mit dem Kunden zusammen detailliert ausgearbeitet werden, um spätere Verzögerungen zu vermeiden. Auch sollten – falls sinnvoll – mögliche Alternativen in den Projektplan mit aufgenommen werden, die zum Zeitpunkt der Erstellung noch nicht eindeutig festgelegt werden können. Ein weiterer wichtiger Punkt ist die Bereitstellung von Personal durch den Kunden, damit dieser die Kapazitäten frühzeitig in seine Personalplanung mit einbeziehen kann.

3.2 Auswahl der Hardware

Die folgende Tabelle beschreibt die minimalen-, empfohlenen- und High-End-Hardwareanforderungen, die ein PC und die dazugehörenden Peripheriegeräte aufweisen sollten, wenn sie für die Entwicklung und Pflege einer Website eingesetzt werden sollen. Für andere Rechnertypen, z.B. Workstations gelten ähnliche Anforderungen[55]:

---

[55] Zum Testen der Übertragungsgeschwindigkeit von der Website zum Client sollte *zusätzlich* auch immer ein einfaches 14.000 Baud-Modem zur Verfügung stehen, da dies zur Zeit der Ausstattung eines durchschnittlichen Internet-Nutzers entspricht.

Typ	Minimal	Empfohlen	High-End
Mainboard / Prozessor	486 / 100 MHz	Pentium / 133 MHz	Pentium (Pro) / 200 Mhz
Bussystem / Cache	PCI / 256 KB	PCI / 256 KB	PCI / 512 KB
Peripheriebus	SCSI	SCSI	SCSI
RAM	16 MB	32 MB	64 MB
Floppy Disk	3 1/2" HD	3 1/2" HD	3 1/2" HD
Harddisk	1 GB	2 GB	4 GB
CD-ROM-Laufwerk	Double Speed	6 x Speed	10 x Speed
Datensicherung (Streamer)	QIC-80	Travan	DAT
Grafikkarte / RAM	64 Bit / 2 MB EDO-DRAM	64 Bit / 4 MB VRAM	128 Bit / 4 MB VRAM
Monitor	17-Zoll	17-Zoll	21-Zoll
Soundkarte	16 Bit - Stereo	16 Bit - Stereo mit Wavetable-Zusatz	16 Bit - Stereo mit Wavetable-Zusatz
Netzwerkkarte (optional)	16-Bit ISA / NE 2000 kompatibel	16-Bit PCI / NE 2000 kompatibel	16-Bit PCI / NE 2000 kompatibel
Modem / ISDN-Karte	28800 Baud V34 / Passiv	28800 Baud V34 / Passiv	28800 Baud V34 / Aktiv
Drucker	Laser 1 MB	Laser 2 MB	Laser 4 MB / Farbdrucker
Farb-Flachbettscanner	3-Pass / 300 DPI	1-Pass / 300 DPI	1-Pass / 600 DPI

Tab. 4: Übersicht der Hardwareanforderungen

3.3 Auswahl der Software

3.3.1 Überblick

Dieser Abschnitt gibt einen Überblick über die *grundsätzlich* zum Aufbau und zur Pflege einer Website benötigten Software. Darüber hinaus gibt es inzwischen, je nach Schwerpunkt, viele weitere nützliche Programme[56].

Die Software ist in den meisten Fällen für die folgenden Betriebssysteme bzw. deren graphischer Oberfläche verfügbar:

- DOS / Windows 3.x (PC)

- Windows 95 (PC)

- Windows NT (PC)

- UNIX (auch Linux) / X-Windows, Motif (Workstations)

- MacOS (Macintosh)

- OS/2 (PC)

Zudem sind viele Programme als *Shareware*, *Freeware* oder sogar *Public Domain*[57] verfügbar und dadurch im Vergleich zu kommerzieller Software ausgesprochen günstig oder kostenlos erhältlich. Von der Leistungsfähigkeit sind sie dabei in vielen Fällen mit kommerzieller Software vergleichbar, zum Teil sogar besser. Einige Bezugsquellen für diese Art von Programmen im WWW finden sich in der folgenden Tabelle[58]:

---

[56] Eine Beschreibung vieler Internet-Programme samt Software auf CD-ROM findet sich z.B. in *Pike* [et al.]: Using the Internet, 1995

[57] *Shareware* ist Software, die man zunächst kostenlos ausprobieren kann. Erst wenn man sie regelmäßig nutzt, muß man sie – meist beim Autor – registrieren lassen und den geforderten Preis bezahlen. *Freeware* dagegen ist, genauso wie *Public Domain-Software*, grundsätzlich kostenlos. Bei Freeware behält sich der Autor aber jegliche Rechte an seiner Software vor. Public Domain Software kann es nach *deutscher* Rechtsprechung eigentlich nicht geben, da hierzulande jedes geistige Werk automatisch vom Urheberrecht geschützt wird.

[58] Eine *plattformübergreifende* Besprechung vieler Internet-Werkzeuge mit der Möglichkeit, diese auf CD zu beziehen, findet sich zudem in *Grell* [et al.]: „Kontaktvermittler - Kommunikations-software" in: c't - Magazin für Computertechnik 5/96, S. 210-218

Tab. 5: Shareware-, Freeware- und Public Domain-Software im Internet

Die folgende Grafik gibt einen Überblick über die benötigten Softwaregruppen:

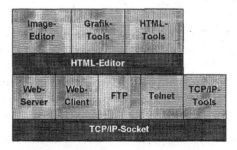

Abb. 18: Grundlegende Bausteine zum Aufbau einer Website

Die folgenden Ausführungen gehen davon aus, daß der eigentliche Web-Server bei einem Provider steht, bei dem der Platz für die Website gemietet wurde. Aus jeder Gruppe in Abb. 18 werden in den folgenden Abschnitten exemplarisch Programme vorgestellt, mit denen ich bis jetzt unter Windows 3.x bzw. Windows 95 gute Erfahrungen gemacht habe. Neben dieser subjektiven Auswahl existieren zu jeder Gruppe aber eine Vielzahl von weiteren Programmen, die – soweit es sich nicht im engeren Sinne um kommerzielle Software handelt – über die in Tab. 5 angegebenen URLs bezogen werden können.

3.3.2 TCP/IP-basierte Software

Unter Windows 3.x benötigt man eine Socket-Software, die die TCP/IP-Protokolle für darauf basierende Programme zur Verfügung stellt. Den quasi-Standard bildet hier das Programm „Trumpet-Winsock" von Peter R. Tattam (Shareware). Es ist einfach zu konfigurieren und bietet diverse Monitoring-Funktionen. Unter Windows 95 benötigt man dieses Programm nicht, da in das Betriebssystem bereits eine Socket-Software integriert ist. Von vielen Benutzern unbemerkt – da standardmäßig nicht auf dem Desktop verfügbar – gehören zum Lieferumfang von Windows 95 auch (rudimentäre) FTP-, Telnet- und Ping-Programme.

Der FTP-Client „WS FTP" von John A. Junod (Shareware) ist ähnlich wie der Windows-Dateimanager zu bedienen und recht komfortabel. Der Anwender muß keine einzelnen FTP-Befehle mehr eingeben, das erledigt die graphische Benutzeroberfläche des Programms. *Log-Dateien*[59] werden automatisch im jeweiligen lokalen Verzeichnis erstellt. Es existieren vielfältige Konfigurations-möglichkeiten.

Der Telnet-Client „EWAN" (Emulator Without A good Name) von Peter Zander (Freeware) bietet eine gute Funktionalität und hohe Konfigurierbarkeit zum Nulltarif. Beim ersten Start des Programms sollte man allerdings sofort den Pfad für die Ablage der Telnet-URLs in einen absoluten ändern, da das Programm diese standardmäßig in das jeweils aktuelle Verzeichnis schreibt und sie bei einem erneuten Start eventuell nicht wiederfindet.

---

[59] Eine *Log-Datei* dient zur Kontrolle der übertragenen Dateien von einem lokalen Rechner zu einem Host oder umgekehrt.

Ein sehr nützliches und – im Gegensatz zu dem bei „Trumpet Winsock"
mitgeliefertem – komfortables TCP/IP-Utility ist das Programm „Winsock Ping"
von John A. Junod (Public Domain). Ein wesentlich mächtigeres Programm ist
„WS Watch" vom selben Autor (Shareware). Es ist primär ein Network-
Monitoring-Tool, integriert aber darüber hinaus eine Menge weiterer praktischer
Funktionen wie *Traceroute, Lookup, NS-Lookup, Whois, Finger* und natürlich
auch *Ping*. Diese Funktionen sind für den Aufbau einer Website zwar nicht
essentiell wichtig, können aber bei der späteren Administration wertvolle Dienste
leisten. Die nachfolgende Tabelle beschreibt die Funktionen im einzelnen:

Funktion:	Beschreibung:
Ping	Ermittelt die Übertragungsgeschwindigkeiten von Datenpake-ten zwischen lokalem Rechner und Host bzw. zeigt an, ob ein Host im Augenblick im Netz ansprechbar ist.
Traceroute	Zeigt an, wieviel weitere Hosts ein Datenpaket vom gewähl-ten Host bis zum lokalen Rechner passiert.
Lookup	Ermittelt die IP-Adresse zu einem FQDN[60] oder umgekehrt.
NS-Lookup	Ermöglicht die Abfrage eines Name-Servers zu Host-Informa-tionen.
Whois	Ermöglicht die Abfrage eines Hosts zu Netzwerk- oder Be-nutzerinformationen.
Finger	Ermöglicht die Abfrage eines Hosts zu Benutzerinformationen (aus Sicherheitsgründen oft nicht verfügbar).

Tab. 6: Nützliche TCP/IP-Administrationsprogramme

3.3.3 Web-Clients

Es sollte immer der Web-Client gewählt werden, den die Hauptgruppe der
anvisierten Anwender benutzt. Ist eine solche Eingrenzung nicht möglich, sollten
zum Testen der Seiten folgende Web-Clients benutzt werden:

■ Netscape Navigator (Netscape Communications Corp.)

■ Microsoft Explorer (Microsoft Corp.)

■ NCSA Mosaic (University of Illinois)

---

[60] Siehe Abschnitt „IP-Adresse und Domain Name System" auf S. 26

Diese drei Programme decken den Großteil der benutzten Web-Clients weltweit ab und sind für fast alle Plattformen verfügbar. Dem „Netscape Navigator" kommt dabei eine Sonderrolle zu, da er nach verschiedenen Hochrechnungen zw. 65-85% der gesamten Web-Clients, die weltweit benutzt werden, stellt. Da er auch eigene proprietäre Tags unterstützt kann es sinnvoll sein, die HTML-Seiten für diesen Browser zu optimieren. Sie sollten aber in den beiden anderen Web-Clients immer noch annähernd gleich aussehen. Nicht unterstützte Tags werden von den anderen Browsern dabei einfach ignoriert.

Zum Testen der Seiten hat sich der Textbrowser „Lynx" als nützlich erwiesen, da man beim Betrachten der Seiten z.b. gut erkennen kann, ob *ALT-Tags* vergessen wurden, die jede Grafik mit Worten beschreiben sollten[61].

3.3.4 Web-Server

Das Betreiben eines lokalen Web-Servers zu Entwicklungszwecken ist z.B. dann notwendig, wenn man eventuell benötigte *CGI-Skripts* testen möchte. Das Common Gateway Interface (CGI) stellt eine Möglichkeit zur Verfügung, via HTML Programme auf einen Web-Servern zu starten[62]. Denkbare Anwendungen sind z.B. die Weiterverarbeitung von Daten aus HTML-Formularen oder der Aufruf eines Datenbank-Backends.

Der Web-Server „Windows-HTTPD" von Robert B. Denny (Shareware) ist eine günstige Alternative zu kommerziellen Produkten und unter Windows 3.x bzw. Windows 95 einsetzbar. Die meisten Web-Server sind primär für UNIX-basierte Plattformen verfügbar, wie etwa der kostenlos erhältliche „Apache-HTTP-Server" (auch für OS/2 verfügbar) oder die kommerziellen Produkte von Netscape. Unter Windows NT können z.B. der „Microsoft Internet Information Server" (im Augenblick noch kostenlos erhältlich) oder kommerzielle Produkte wie „Website" zum Einsatz kommen.

3.3.5 HTML-Editoren

HTML-Editoren gibt es inzwischen wie Sand am Meer und für alle nur erdenklichen Plattformen. Da HTML-Seiten stets im ASCII-Format abgespeichert werden genügt im Grunde jeder Texteditor, um solche Seiten zu erstellen. Um

---

[61] Mehr zu *Tags* im Abschnitt „Die Hypertext Markup Language" ab S. 88, zum *Test* der Seiten im gleichnamigen Abschnitt ab S. 121
[62] Siehe dazu den Abschnitt „Kommunikation über das Common Gateway Interface" auf S. 143

---

dem Autor die Arbeit zu erleichtern, warten aber viele Editoren mit Funktionen auf, die die HTML-Seitenerstellung (mehr oder weniger) effizient gestalten sollen. Zu unterscheiden sind Programme, die einem lediglich die Schreibarbeit erleichtern und solche, die weitergehende Funktionen zur Verfügung stellen.

Ein Vertreter der ersten Gruppe ist z.B. „Web-Edit" von Kenn Nesbitt (Shareware), ein leistungsfähiger Editor, der auch HTML 3.0 und die Netscape-Extensions beherrscht. Zur zweiten Gruppe zählt z.B. das kommerzielle Programm „Hotmetal Pro" der kanadischen Firma Softquad (eine einge-schränkte Version ist unter dem URL: http://www.sq.com kostenlos erhältlich). Es ist zu Beginn etwas gewöhnungsbedürftig (die Anlehnung an SGML-Produkte[63] aus dem selben Haus bleibt einem nicht verborgen), belohnt einen dafür aber beispielsweise mit Funktionen wie einer Echtzeit-HTML-Validation. Das Programm stellt durch eine (restriktive) Eingabe sicher, daß nur korrekter HTML-Code erzeugt (und später via Browser angezeigt) wird, ein wichtiges Unterfangen, für das man sonst eigene Programme bemühen muß, zum Beispiel den Service der Firma Webtechs unter dem URL: http://www.webtechs.com/html-val-svc/. Der Nachteil von „Hotmetal Pro" ist die Abhängigkeit von Updates der Rules-Files durch die Firma, also der Dateien, die die Regeln für die Eingabe enthalten. Gerade auf dem sich rasend schnell verändernden WWW-Sektor ist dies ein nicht zu unterschätzendes Manko.

Unter Umständen empfiehlt sich deshalb die Verwendung mehrerer Editoren für die Entwicklung von HTML-Seiten. In einem noch sehr unreifen Stadium befinden sich sogenannte WYSIWYG[64]-Editoren, wie zum Beispiel der integrierte HTML-Editor beim „Netscape Navigator Gold" für Windows 95 oder der „Internet-Assistent" für Microsoft Word für Windows. Solchen Editoren gehört vielleicht einmal die Zukunft, im Augenblick sind sie für ernsthafte Anwendungen jedoch nicht zu gebrauchen. Eine plattformübergreifende Übersicht über die derzeit verfügbaren HTML-Editoren ist unter dem URL: http://sdg.ncsa.uiuc.edu/~mag/work/HTMLEditors/ verfügbar.

3.3.6 Sonstige Software

Da Grafiken eine bedeutende Rolle im WWW zukommt ist es wichtig, auch in diesem Bereich leistungsfähige Werkzeuge zur Verfügung zu haben. Zum einen

---

[63] Zu SGML siehe den Abschnitt „Die Hypertext Markup Language" auf S. 88
[64] Kurzform für: „What You See Is What You Get"

benötigt man natürlich *Grafikprogramme* zum Erstellen von Grafiken, wie z.B. „JASC Paintshop Pro" (Shareware) oder „Fractal Design Painter", „Adobe Photoshop" oder „Corel Xara" (alle kommerziell). Diese Programme stellen viele Funktionen, wie z.B. spezielle Filter zur Verfügung, mit denen sich relativ schnell eindrucksvolle Grafiken erstellen lassen. Ebenso unabdingbar sind sie für die Nachbearbeitung von eingescannten Photos. Da viele dieser Programme nicht direkt auf das Web-Publishing zugeschnitten sind, benötigt man meist zusätzlich *Grafikeditoren* zur Aufbereitung des Materials für das WWW.

Mit Grafikeditoren, wie z.B. „LView Pro" von Leon H. Loureiro, kann man im Gegensatz zu Grafikprogrammen keine Grafiken erzeugen, sondern diese nur verändern, also z.B. die Farbtiefe neu festlegen oder ein anderes Grafikformat wählen. Eine weitere wichtige Eigenschaft ist das Verändern der Größe von Grafiken mit Hilfe geeigneter Anti-Alias-Algorithmen, damit diese auch nach der Größenänderung noch ansprechend aussehen[65]. Fast alle professionellen Grafikprogramme bieten aber diese Möglichkeit.

Für sensitive Grafiken (Clickable Images) auf einer HTML-Seite ist zudem ein *Imagemap-Editor* sehr nützlich, um die Bereiche für die verschieden Hyperlinks zu definieren. Es ist aber darauf zu achten, daß verschiedene Web-Server auch verschiedene Formate benötigen. Der Imagemap-Editor „Web Hotspots" von 1Automata (Shareware) ist sowohl bei der Auswahl der Bereiche als auch bei den unterstützen Server-Formaten eine gute Wahl.

Ein äußerst praktisches Online-Nachschlagewerk zur HTML-Seitenerstellung ist die „HTML-Reference-Library" von Stephen Le Hunte (Freeware!) im Windows-Help-Format. Neben einer kompakten und gut gegliederten Aufbereitung aller wichtigen Themen zu HTML bietet sie insbesondere Informationen zu den proprietären Tags der einzelnen Browser-Hersteller, sowohl zu jedem einzelnen Befehl als auch in einer tabellarischen Übersicht.

3.4 Auswahl eines Providers

3.4.1 Vorüberlegungen

Je nach Größe und Ausrichtung des Projekts sollte man sich überlegen, wie die Einbindung des Web-Servers in das Internet erfolgen soll. Folgende Möglichkeiten stehen dabei zur Verfügung:

---

[65] Eine der wenigen Funktionen, mit denen „LView Pro" leider nicht sehr gut zurechtkommt.

■ Man mietet eine bestimme Anzahl von Megabytes Speicherplatz auf einem Web-Server, den der Provider betreibt. Der Vorteil hierbei ist, daß man sich um die technische Administration des Servers keine Gedanken machen muß – man bleibt aber vom Wissen und der Leistungsfähigkeit des Providers abhängig. Diese Option ist für kleine bis mittlere Websites sinnvoll.

■ Man betreibt einen eigenen Web-Server, der aber beim Provider steht und von diesem technisch betreut wird. Der Vorteil ist die Kontrolle über den Server und die darauf eingesetzte Software (soweit sie der Provider unterstützt) – aber auch hier muß man sich auf die Zuverlässigkeit des Providers verlassen können. Diese Option ist für mittlere bis große Websites sinnvoll.

■ Der Kunde betreibt einen eigenen Web-Server. Die Kontrolle über den Server und die eingesetzte Software ist hier optimal, der personelle und technische Aufwand aber *weitaus* am größten, da man quasi selber zum Provider wird. Diese Option ist nur für große bis sehr große Websites sinnvoll, die meistens aus mehreren Servern bestehen, z.B. bei international tätigen Unternehmen.

Die Entscheidung, welche Option wahrgenommen werden soll, läßt sich nur für den Einzelfall entscheiden und erfordert eine gründliche Analyse des Kundenbedarfs sowie einer Kosten-/Nutzen-Abschätzung. In den meisten Fällen reicht die Anmietung von Webspace, also dem Platz auf einem Web-Server, jedoch aus.

3.4.2 Arten von Providern

Ein Internet Service Provider (ISP) ist eine Firma oder Institution, die ein Teilnetz variabler Größe des Internet betreibt. Das Internet besteht also aus der Summe der Teilnetze der einzelnen ISP. Ein ISP hat für den reibungslosen Ablauf seines Netzes sowie der Anbindung an die Teilnetze der anderen ISP zu sorgen.

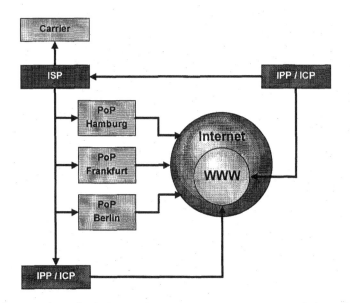

Abb. 19: Ein Beispiel für Internet-Provider-Strukturen

Die für die Übertragung der Daten im Netz benötigten Telefonleitungen mietet ein ISP bei seinem lokalen Carrier (einer Telefongesellschaft).

Den lokalen Zugangspunkt zum Internet stellt in der Regel ein sogenannter PoP (Point of Presence) zur Verfügung, also die Einwahlmöglichkeit für einen Kunden zum Ortstarif. Ein PoP ist entweder ein Tochterunternehmen bzw. eine Filiale eines ISP oder ein eigenständiges Unternehmen, welches die Leistungen eines ISP kauft.

Ein Internet Presence Provider (IPP) oder auch Internet Content Provider (ICP) ist ein Unternehmen, welches die Inhalte im Internet bzw. hier größtenteils im WWW erstellt und gestaltet, also z.B. die Konzeption und den Aufbau einer Website für eine Firma nach deren Vorgaben. Ein IPP bzw. ICP kann sowohl ein Tochterunternehmen eines ISP sein als auch eine selbständige Firma, die bei Bedarf des Kunden Leistungen eines ISP bzw. PoP in Anspruch nimmt.

Im Normalfall wird man es also nicht direkt mit einem ISP zu tun haben, sondern mit einem lokalen PoP, der mit dem ISP zusammenarbeitet. Die Leistungen und Preise für die verschiedenen Dienstleistungen sind dabei *extrem* unterschiedlich und halten einem Vergleich mit der Strukturierung der verschiedenen Handy-Tarife in Deutschland ohne Probleme stand bzw. überflügeln diese sogar.

Die Kernfragen bei der Auswahl eines Providers sind:

■ Nutzbare Bandbreite (Modem, ISDN)

■ Unterstütze Dienste

■ Verfügbare Einwahlpunkte

■ Kosten für Webspace

■ Kosten für das Beantragen und die Pflege eines Domain-Namens

■ Kosten für den Zugang zum Internet (Abrechnungsmodell)

■ Art und Umfang des Support-Service (Nutzerdaten, CGI, Pflege etc.)

Da die Literatur zum deutschen Internet-*Markt* zur Zeit noch recht dünn gesät ist, will ich im folgenden einige Hinweise auf weiterführende Informationen geben:

■ Einen Überblick über die deutschen Providerstrukturen findet man in *Lux:* Der Internet-Markt in Deutschland - Provider und Dienstleister, 1995. Eine aktualisierte Übersicht deutscher ISPs und PoPs vom selben Autor ist unter den URLs `http://www.dpunkt.de/produkte/lux/isp.html` bzw. `http://www.dpunkt.de/produkte/lux/ipp.html` verfügbar.

■ Vergleiche zu den Dienstleistungen einzelner Provider finden sich z.B. in *Klaiber.* „Auffahrt zur Datenautobahn" in: Online-Praxis, 1/96, S. 88-93 und in „Einkaufsführer - Internet-Provider" in: UNIX-Open, 6/96, S. 122-126.

■ Basisinformationen zu technischen und strukturellen Fragen sind z.B. in *Holtschneider.* „Von Pipelines und Strohhalmen" und *Meissner.* „Wege in den Stau" in: c't - Magazin für Computertechnik, 1/96, S.114-127 sowie in *Howen:* „Die eigene WWW-Präsenz mit Köpfchen planen" in: LAN-Line, 5/96, S. 150-156 erhältlich.

3.4.3 Festlegen und Beantragen eines Domain-Namens

Die Wahl eines einprägsamen Domain-Namens ist wichtig. Er sollte möglichst so gewählt werden, daß ein Besucher, der den Anbieter der Website schon aus anderen Quellen kennt, möglichst direkt auf dem Namen schließen kann. Dies kann im allgemeinen durch das folgenden Format erreicht werden:

www.<Name>.TLD

Das „www" zu Anfang des Domain-Namens ist zwar nur fakultativ, hat sich aber inzwischen als quasi-Standard für WWW-Domains etabliert. Der Name der Firma, Institution etc. sollte nach Möglichkeit so gewählt werden, daß er keine Umlaute enthält, da diese nicht unterstützt werden[66]. Man kann inzwischen aber auch davon ausgehen, daß vielen potentiellen Besuchern dieser Umstand bekannt ist und sie bei einem Blindversuch die Umlaute entsprechend ersetzen werden. Auch die Wahl der erlaubten Sonderzeichen ist sehr eingeschränkt. Besteht ein Name aus mehreren allgemein verwendeten Wörter, so bietet sich eine Abkürzung durch Wahl der Anfangsbuchstaben an, wenn diese auch sonst gebräuchlich sind. Bei der Top-Level-Domain (TLD) hat man die Wahl zwischen der TLD des Landes, in der sich die Website befindet – für Deutschland also „.de" oder einer amerikanischen, z.B. „.com".

Die Wahl einer amerikanischen TLD hat den Vorteil, daß die Gebühren für die Registrierung und den Erhalt des Domain-Namens günstiger sind. Für die fiktive Firma „Virus Infection Systems Inc." mit der amerikanischen TLD „.com" würde sich die Wahl des Domain-Namens also als „www.vis.com" oder „www.virus.com" bzw. „www.infection.com" anbieten, je nachdem welches Wort das Geschäftsfeld der Firma besser charakterisiert. Viele allgemeingültige Wörter und Abkürzungen sind aber inzwischen schon registriert, so daß man auch durch diesen Umstand eventuell in der Wahl des Domain-Namens eingeschränkt ist.

Der Antragsteller erwirbt das Eigentum am von ihm beantragten Domain-Namen. Wechselt er den Provider, so kann er den Domain Namen übertragen, ohne daß eine neue Registrierung oder Änderung über das zuständige NIC nötig wäre.

---

[66] Siehe dazu auch den letzten Absatz im Abschnitt „Dienste nach außen" ab. S. 18

Ob ein Domain-Name der TLD „.de" schon registriert ist, kann man über
das Deutsche Network Information Center (DE-NIC) unter den URLs
http://www.nic.de/Domains/connectedDomains.html für konnektierte
und http://www.nic.de/Domains/reservedDomains.html für reser-
vierte Domains erfragen. Für die „.com"-TLDs findet sich unter dem URL:
http://rs.internic.net/cgi-bin/whois ein ähnlicher Service des
Internet Network Information Center (InterNIC).

Das InterNIC ist ein Zusammenschluß der drei amerikanischen Firmen General
Atomics (Information Services), AT&T (Directory and Database Services) und
Network Solutions (Registration Services). Ein NIC koordiniert die Vergabe von
IP-Adressen und Domain-Namen in seinem Bereich. Das InterNIC ist dabei die
höchste Instanz für alle anderen Sub-NICs, wie z.B. das DE-NIC mit Sitz in
Karlsruhe. Die jeweils aktuellen Informationen für das Beantragen eines
Domain-Namens via InterNIC bzw. DE-NIC sind unter den folgenden URLs
abfragbar: http://www.internic.net bzw. http://www.nic.de.

Abschließend eine Anmerkung zu Domain-Namen der TLD „.de": Die
Beantragung ist ab dem 30. April 1996 nur noch über einen Provider möglich.
Die Funktion des „Registry of Last Resort" beim DE-NIC wurde ab diesem
Zeitraum eingestellt. Adressen von Providern in Deutschland, die über ein
Registry verfügen, finden sich unter dem URL: ftp://ftp.nic.de/pub/
ripe/registries/de.*.

4. Analyse

4.1 Ermittlung des Kundenwunsches

4.1.1 Phase 1: Information

Ein Problem, dem man bei fast allen Projekten gegenübersteht, ist in Erfahrung zu bringen, was der Kunde im Detail wünscht. Gerade bei innovativen Themen ist es vollkommen verständlich, daß der Kunde selbst nur eine grobe Vorstellung von dem gewünschten Ergebnis hat. Um ein für den Kunden optimales Resultat zu erzielen, ist es daher unverzichtbar, die Feinstrukturierung des Projekts mit ihm zusammen zu erstellen. Das setzt jedoch voraus, ihm die Thematik näherzubringen und ihn in den Entwicklungsprozeß mit einzubeziehen.

Es ist sinnvoll, die beteiligten Personen zu Beginn des Projekts in die Thematik einzuführen, d.h. wichtige Begriffe zu erläutern und sie zum Nachfragen zu ermuntern. Das Verständnis um die Zusammenhänge erlaubt es dem Kunden, die Möglichkeiten realistisch einzuschätzen und setzt kreatives Potential frei. Praktische Demonstrationen, z.B. anhand von HTML-Testseiten, sollten die allgemeinen Erläuterungen unterstützen und einen guten Ausgangspunkt für die Umsetzung der Kundeninformation liefern.

Für die eigentliche Phase der Feinstrukturierung können verschiedene Methoden eingesetzt werden, wie z.B. *Mindmaps*[67] oder *Brainstorming-Techniken*[68]. Mindmaps eignen sich in diesem Zusammenhang gut zum Unterteilen von vorhandenen Hauptthemen. Ein einfaches Mindmap zum Hauptthema „Gesundheit" könnte z.B. wie folgt aussehen:

---

[67] Eine Einführung zum Thema „Mindmaps" findet sich z.B. in *Buzan*: Kopftraining - Anleitung zum kreativen Denken, 1990

[68] Zur Definition und Bedeutung von Brainstorming-Techniken siehe *Pflaum/Pieper* [Hrsg.]: Lexikon der Public Relations, 1990, S. 40 ff. Ein praxisorientierter Ansatz findet sich in *Perry/Ermel/Shields*: Software entwickln und vermarkten, 1995, Kapitel 1

Abb. 20: Unterteilung eines Hauptthemas in Subthemen anhand eines Mindmap

Die Unterthemen können wiederum auf dieselbe Art verfeinert werden. Mindmaps lassen sich gruppendynamisch allerdings nicht so gut anwenden wie Brainstorming-Techniken, zudem werden sie bei voranschreitenden Verzweigungen schnell unübersichtlich.

4.1.2 Phase 2: Brainstorming und Stepwise Refinement

Nachfolgend soll nun ein praktisches Beispiel die Ermittlung von relevanten Themen für eine Website mittels Brainstorming und Stepwise Refinement (schrittweiser Verfeinerung) erläutern:

Nachdem sich die vermittelte Thematik bei einem ersten Gespräch setzen konnte, werden bei einem zweiten Treffen zwei große Pinwände aufgebaut und kleine Pappkarten und Stifte verteilt.

In der eigentlichen Brainstormingphase werden nun die beteiligten Personen dazu ermuntert, alle Themen, die sie für relevant erachteten, auf je eine Pappkarte zu schreiben. Dabei sollte die „Schere im Kopf" außen vor bleiben und wirklich alle Themen ganz spontan aufgeschrieben werden. Sämtliche Karten werden, zur besseren Übersichtlichkeit für alle, auf der ersten Pinwand angebracht.

In der Phase des Stepwise Refinement wurden nun zunächst alle Themen auf Ähnlichkeiten überprüft und ggf. zusammengefaßt. Anschließend wird durch Diskussion bestimmt, welche Themen wie wichtig sind und die Karten auf der zweiten Pinwand strukturiert-hierarchisch angeordnet. Auch hierbei werden eventuelle Korrekturen bzw. Ergänzungen vorgenommen. Eine mögliche

Anordnung hierbei ist das Ausbilden von zwei Hauptsträngen: Informationen für nicht-kommerzielle Besucher und Informationen für kommerzielle Besucher oder anders ausgedrückt: Informationen, deren Bereitstellung den Kunden Geld kostet und Informationen, mit denen er Geld verdienen kann. Ein mögliches Ziel könnte beispielsweise sein, einen Zustand zu erreichen, bei der die Haben-Seite die Soll-Seite mittelfristig trägt, also zumindest kein Verlust entsteht.

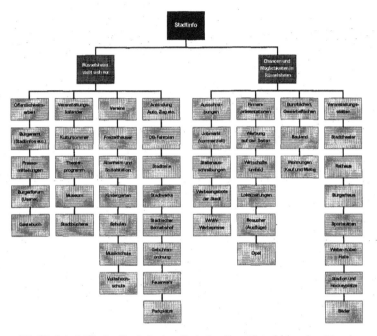

Abb. 21: Beispiel für das Ergebnis eines Brainstormings mit nachfolgendem Stepwise Refinement für die Website der Stadt Rüsselsheim

Als zweite Stufe des Stepwise Refinements sollte die Pinwand mit der groben Strukturierung für ca. eine Woche an einem gut zugänglichen Ort aufgestellt werden, damit sie den Beteiligten und eventuell auch anderen Personen mehrmals am Tag ins Auge fällt und Verbesserungsvorschläge bzw. Ergänzungen gemacht werden können. Ich halte diese Phase für sehr wichtig, da sie ermöglicht, die gewonnenen Eindrücke zu verarbeiten und daraus resultierend ein besseres Endergebnis zu erzielen.

4.1.3 Phase 3: Auswertung

In der dritten Stufe des Stepwise Refinements wird bei einem weiteren Treffen die vorhandene Anordnung weiter nach Prioritäten strukturiert und eine Aufteilung in ein Grundpaket und später folgende Zusatzpakete vorgenommen, um sich zunächst auf die wesentlichen Informationen konzentrieren zu können. Es sollte eine grobe Aufwandsabschätzung und das Aufstellen eines Zeitplans, mit seinen Meilensteinen zur Realisierung des Grundpakets, erfolgen. Nach der Verabschiedung dieser Punkte kann mit der eigentlichen Realisation begonnen werden.

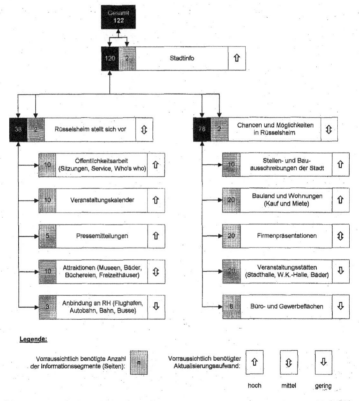

Abb. 22: Grundpaket der Website der Stadt Rüsselsheim: Themen mit grober Aufwandsabschätzung für die Anzahl der benötigten Seiten und dem damit verbundenen Aktualisierungsaufwand

4.2 Konkurrenzanalyse

Vor der eigentlichen Feinstrukturierung eines Projekt ist es sinnvoll, sich über eventuell schon bestehende Angebote mit ähnlichem Inhalt zu informieren. Das bedeutet, die in Konkurrenz zu den eigenen Dienstleistungen stehenden Websites im WWW zu suchen und zu analysieren.

Vor Beginn dieser Konkurrenzanalyse sollte das Profil der eigenen Website definiert werden, um bei der Suche nur solche Websites mit einzubeziehen, die ein vergleichbares Profil aufweisen, um den Vergleich nicht zu verzerren. Bei der Präsentation einer kleineren EDV-Firma im WWW macht es z.b. wenig Sinn, sich mit Websites von Firmen wie Microsoft oder Sun zu vergleichen, da diese ganz andere Kapazitäten bereitstellen können. Davon ausgenommen sind aber Kernideen, die zu berücksichtigen es sich eventuell lohnt. Im eben erwähnten Fall wäre das z.b. der Treiber- oder Software-Support für die Produkte der Firma.

Bei der Analyse sollten folgende Punkte berücksichtigt werden:

■ Angebot der Website

■ Aktualität der Informationen

■ Aufbereitung der Informationen

■ Geschwindigkeit der Datenübertragung

■ Design der Website

■ Welche Punkte wurden gut gelöst bzw. fielen positiv auf

■ Welche Punkte waren weniger gut gelöst bzw. fielen negativ auf

■ Der Allgemeineindruck

Die Konkurrenzanalyse vermittelt wertvolle Erkenntnisse über den Stand der Entwicklung im WWW, bezogen auf das eigene Projekt. Zudem lassen sich Rückschlüsse ziehen, was man bei der eigenen Website besser machen könnte bzw. auf jeden Fall vermeiden sollte.

4.3 Ersterfassung der Informationen

4.3.1 Vorlage zur Strukturierung von Informationssegmenten

Beim Sammeln und Erfassen der vereinbarten Inhalte, die die Website später beinhalten soll, ist es hilfreich, dem Kunden die Möglichkeit zu verschaffen, die Informationen schon jetzt in einer Art und Weise zu strukturieren, die die spätere Umsetzung in HTML-Seiten vereinfacht. Das nachfolgende Formular wurde für diese Aufgabe entwickelt. Es kann sowohl in bezug auf das WWW verwendet werden, als auch auf jedes andere Informationssystem, welches nach dem Hypertext-Prinzip arbeitet, beispielsweise Kiosk-Systeme, elektronische Handbücher, wie die Onlinehilfe unter Microsoft Windows oder PDF[69]-Dateien.

Die Vorlage sollte einfach und übersichtlich sein und in dem vom Kunden benutzten Textverarbeitungsformat erstellt werden. Auch von Routineeintragungen sollte es ihn soweit wie möglich entlasten.

Das nachfolgende Formular wurde unter Zuhilfenahme von Feldfunktionen und der Funktion „Datei-Info", im wohl am weitesten verbreiteten Winword-Format erstellt. Die Punkte „Titel" und „Autor" werden im Formular durch die in spitzen Klammern vorhandenen Platzhalter automatisch eingefügt. Die in der Vorlage vorhandenen Platzhalter in eckigen Klammer werden selbsttätig generiert:

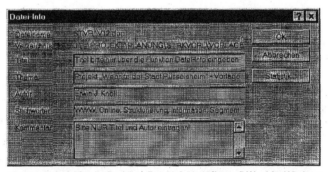

Abb. 23: Beispiel für die Funktion „Datei-Info" bei Microsoft Word für Windows

Alle Mitarbeiter des Kunden, eventuell auch in verschiedenen Abteilungen, können nun in diese Vorlage ihre Informationen eingeben bzw. aus schon digital vorhandenen Texten kopieren. Das Formular paßt sich automatisch der Länge

---

[69] *Portable Document Format*, ein von der Firma Adobe geschaffener Standard, der auch im WWW häufig anzutreffen ist.

der Einträge an und gibt Informationen wie Titel, Datum, Bearbeiter etc. auf jeder Seite aus. Die Einträge „Grafiken" und „Hyperlinks" setzten ein gewisses Verständnis der Materie voraus und sind daher *optional*:

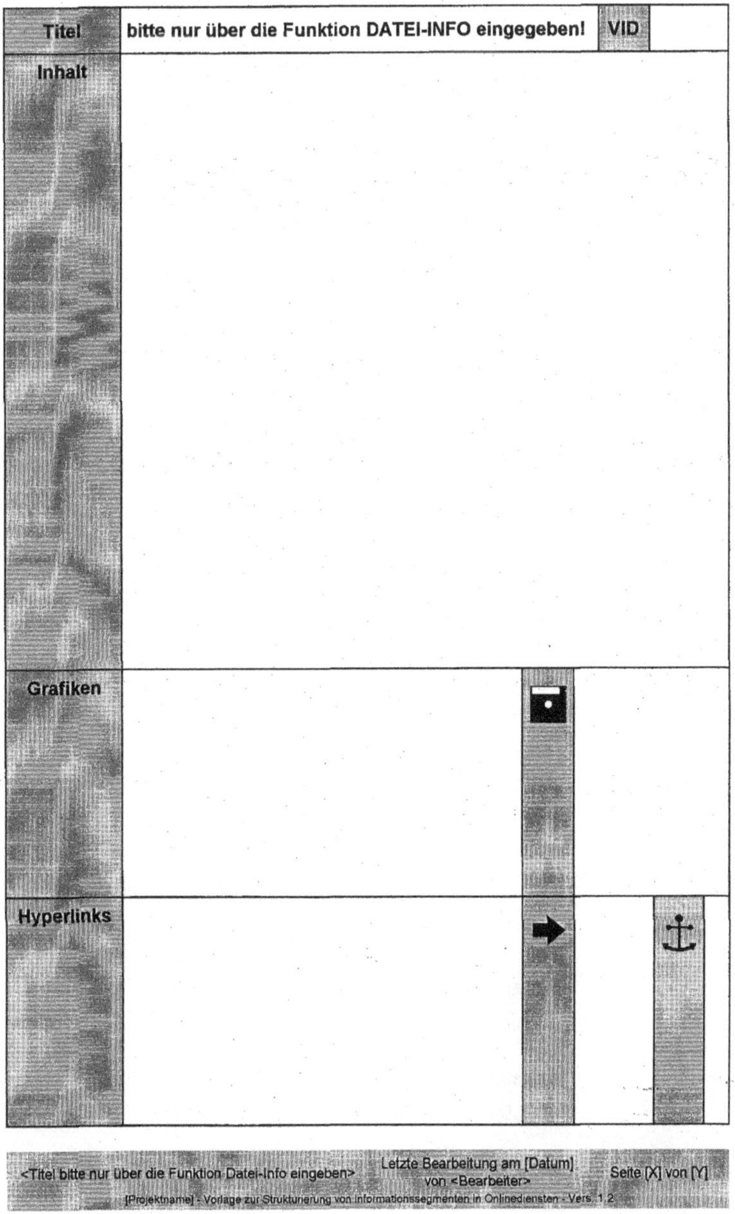
Titel
bitte nur über die Funktion DATEI-INFO eingegeben!
VID
Inhalt
Grafiken
Hyperlinks
<Titel bitte nur über die Funktion Datei-Info eingeben>
Letzte Bearbeitung am [Datum] von <Bearbeiter>
Seite [X] von [Y]
[Projektname] - Vorlage zur Strukturierung von Informationssegmenten in Onlinediensten - Vers. 1.2

Abb. 24: Vorlage zur Strukturierung von Informationssegmenten in Onlinediensten

4.3.2 Erläuterungen und Beispiele zur Strukturierung

Nachfolgend sind die zum Formular gehörenden Erläuterungen und Beispiele aufgeführt. Sie sind für die *Mitarbeiter des Kunden* gedacht, die die Informationen eingeben sollen und müssen ggf. kundenspezifisch angepaßt werden. Sollen z.B. mehrere Mitarbeiter voneinander unabhängig Informationen eingeben, so ist darauf zu achten, daß keine VIDs (Vorläufige Identifikationsnummern) doppelt vergeben werden. Jeder Mitarbeiter beginnt dann einfach bei einer festgelegten Zahl aufwärts (z.B. der Erste bei „1", der Zweite bei „1000" usw.). Die endgültige ID wird erst bei der Umsetzung in HTML-Seiten fest vergeben. Dies ist notwendig, weil sich während des Entwicklungsprozesses Veränderungen ergeben werden (z.B. das Aufsplitten eines Informationssegmentes in zwei neue oder der Wegfall von Informationssegmenten)[70].

Zweck

Diese Vorlage dient zur Erfassung, Planung und Strukturierung von Informationen für das Grundpaket und die Zusatzpakete des Projekts [Projektname].

Wichtig!

Der *Titel* und der *Autor* wird zu Beginn jedes Dokuments über die Funktion „DATEI-INFO" eingetragen (erreichbar über das Word-Menü „DATEI" ganz oben links). Auch etwaige Änderungen dürfen *nur* in der „DATEI-INFO" erfolgen, da an verschiedenen Stellen im Dokument darauf Bezug genommen wird. Nach Änderungen in der „DATEI-INFO" aktualisiert Word diese Bezüge *nicht sofort* automatisch, sondern erst beim Ausdrucken oder Neuladen des Dokuments. Eine sofortige Aktualisierung zu Kontrollzwecken läßt sich aber leicht wie folgt durchführen: Taste „STRG" halten und Taste „A" drücken (der gesamte Text wird markiert) und anschließend Taste „F9" betätigen (Alle Bezüge werden aktualisiert). Um die Textmarkierung wieder aufzuheben, einfach mit der Maus auf eine beliebige Textstelle klicken.

Außerdem muß folgende Funktion eingeschaltet sein: MENÜ „EXTRAS", PUNKT „OPTIONEN", KARTE „DRUCKEN", ZEILE „FELDER AKTUALISIEREN".

---

[70] Siehe dazu auch den Abschnitt „Updates und Neuerstellung von Seiten" auf S. 133

Vor dem Ausdrucken empfiehlt es sich, über den Weg: MENÜ „DATEI", PUNKT „DRUCKEN", FELD „DRUCKER", FELD „OPTIONEN" eine *feine* Rasterung auszuwählen, um einen guten Grauton zu erhalten.

Titel

Hier steht der Titel des Dokuments, der den Inhalt möglichst treffend beschreiben sollte. Er erscheint später auch im Programm des Betrachters (dem Webbrowser) als Kopfzeile.

VID

Die VID ist die vorläufige Identifikationsnummer des Dokuments. Sie wird fortlaufend, ohne führende Nullen, bei „1" beginnend vergeben. Zweck ist die *eindeutige* Identifikation des Dokuments und die einfache Zuordenbarkeit von Hyperlinks, die auf ein Dokument verweisen. Sie steht auch im Dateinamen jedes Dokuments, damit es einfach aufzufinden ist.

Dateiname

Der Dateiname jeder Vorlage sollte folgendes Format aufweisen: „IS" für Informationssegment, danach ein Underscore (Unterstrich „_") und die fünfstellige VID *mit* führenden Nullen (gefolgt von der von Word automatisch vergebenen Endung „.DOC"), also z.B. „IS_00001.DOC". Alle Dateien sollten im Verzeichnis „INFOSEGM" gespeichert werden (siehe „Verzeichnisstruktur").

Inhalt

Hier wird der gesamte *Text* des Dokuments eingetragen. Alle Wörter, die auch gleichzeitig ein Hyperlink sind, werden <u>unterstrichen</u> dargestellt. Der Text kann schon in diesem Stadium bedingt formatiert werden, d.h. unterschiedlich große Überschriften, Fett- und Kursivschrift sind möglich. Unterstreichungen sind *nicht erlaubt*, da sie für die Hyperlinks verwendet werden. Vier Word-Formatvorlagen sind vordefiniert, um ein einheitliches Erscheinungsbild sicherzustellen: „Standard" und „Überschrift 1" bis „Überschrift 3".

Grafiken

Hier werden (zu Beginn) die *Titel der Grafiken*, die sich in dem Dokument befinden, eingetragen. Es existieren drei Arten von Grafiken im World Wide Web: normale Grafiken, Grafiken, die einen Hyperlink darstellen und sensitive Grafiken. Grafiken, die einen Hyperlink darstellen, werden genauso wie bei der

Textvariante <u>unterstrichen</u> dargestellt. Sobald eine Grafik erstellt wurde, sollte sie über die den Weg MENÜ „EINFÜGEN", PUNKT „GRAFIK" in das Dokument eingefügt und über den Weg MENÜ „FORMAT", PUNKT „GRAFIK" auf die gewünschte Größe angepaßt werden. Danach wird der Dateiname der Grafik in das Feld nach dem Diskettensymbol eingetragen.

Alle Grafiken sollten im Verzeichnis „GRAFIKEN" abgelegt werden (siehe „Verzeichnisstruktur").

ANMERKUNG: Sensitive Grafiken – das sind Auswahlgrafiken, die je nach Position des Mauscursors beim Anklicken der Grafik an verschiedene Stellen verzweigen – können auf dieser allgemeinen Ebene des Aufbaus nur dann berücksichtigt werden, wenn zu allen ihren Verzweigungen auch normale Hyperlinks existieren (was der Normalfall sein sollte). Möchte man in dieser Phase schon eine sensitive Grafik kennzeichnen, so wird sie Fett dargestellt, aber bei den Hyperlinks *nicht* aufgeführt, da sie dort ja schon durch die normalen Hyperlinks beschrieben ist.

Hyperlinks

Hyperlinks sind die Verbindungselemente zwischen den einzelnen Dokumenten. Es gibt drei Ausprägungen von Hyperlinks:

a) Hyperlinks, die auf eine bestimmte Stelle im aktuellen Dokument verweisen.

b) Hyperlinks, die auf den Anfang eines anderen Dokuments verweisen.

c) Hyperlinks, die auf eine bestimmte Stelle eines anderen Dokuments verweisen.

Version b) ist der Normalfall, bei a) und c) werden die Stellen, auf die Bezug genommen wird, *Ankerstellen* genannt.

Es werden nun alle Hyperlinks aus „Inhalt" und „Grafiken" noch einmal aufgeführt (aus Gründen der Übersichtlichkeit jetzt ohne Unterstreichung) und die entsprechenden Zuordnungen eingetragen:

Im Fall a) wird die Nummer der Ankerstelle im aktuellen Dokument eingetragen, welche erscheinen soll, wenn der Benutzer mit der Maus auf den Hyperlink im aktuellen Dokument klickt. Das Feld hinter dem Pfeilsymbol bleibt leer.

Im Fall b) wird die VID des Dokuments hinter dem Pfeilsymbol eingetragen, welches erscheinen soll, wenn der Benutzer mit der Maus auf den Hyperlink im aktuellen Dokument klickt. Das Feld hinter dem Ankersymbol bleibt leer.

Im Fall c) wird zuerst die VID des aufzurufenden Dokuments eingetragen und danach die Nummer der Ankerstelle, welche erscheinen soll, wenn der Benutzer mit der Maus auf den Hyperlink im aktuellen Dokument klickt. Hier sind also beide Felder auszufüllen.

Die Ankerstellen werden für jedes Dokument *neu* fortlaufend mit „1" beginnend numeriert. Die Ankerstellen *im Text* werden – in runde Klammern eingeschlossen – vor den betreffenden Text geschrieben, also z.B. „(1) Das soll erscheinen, wenn der Benutzer an einer anderen Stelle im aktuellen Dokument auf einen Hyperlink klickt". Bei Fall c) wird zusätzlich auch die VID des Dokuments eingetragen, welches auf die Ankerstelle deutet, im Format „(VID/Nr. der Ankerstelle)", also z.B. „(123/1)".

Die Ankerstellen nach dem Ankersymbol werden aus Gründen der Übersichtlichkeit *ohne* Klammern eingetragen.

Verzeichnisstruktur

Folgende Verzeichnisstruktur wird vorgeschlagen:

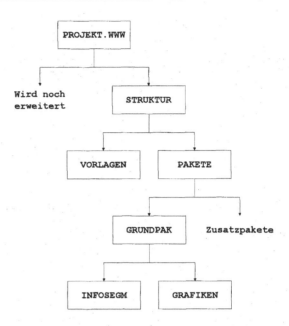

Beispielvorlagen

Zu dieser Erläuterung gehören zwei Beispielvorlagen, die alle vorgenannten Punkte und darin enthaltenen Fälle verdeutlichen sollen.

| Titel | Hier steht der Titel des Dokuments (Beispiel 1 / 2) | VID | 100 |

| Inhalt | |

Überschrift 1

................Standardtext: Hier steht der Inhalt zum Thema des Titels............

................Worte dürfen *kursiv* und **fett** gesetzt werden................

................Alle unterstrichenen Wörter sind Hyperlinks................

Überschrift 2
........Aktuelles 1................
.... Aktuelles 2................
.... Aktuelles 3........

Überschrift 3

(500/2) An diese Stelle wird verzweigt, wenn ein Benutzer im Informationssegment mit der VID 500 auf den Hyperlink „Zum Beispiel 1" klickt.

................Feedback................

| Grafiken | Willkommen-Grafik
Sensitive Grafik „Worüber möchten Sie Informationen ?" (Aktuelles)
„Feedback"-Button | |

Hyperlinks	Hyperlinks	➡	56789	⚓
	Aktuelles 1		8	
	Aktuelles 2		1234	
	Aktuelles 3		500	
	Feedback		25	

| Hier steht der Titel des Dokuments (Beispiel 1 / 2) | Letzte Bearbeitung am 5.5.96 von Erwin J. Knöll | Seite 1 von 1 |
| Ein Beispielprojekt - Vorlage zur Strukturierung von Informationssegmenten in Onlinediensten - Vers. 1.2 | | |

Abb. 25: Beispiel 1 zur „Vorlage zur Strukturierung von Informationssegmenten"

Titel	Ein weiterer Dokumententitel (Beispiel 2 / 2)	VID	500
Inhalt			

Überschrift 1

(1) Eine interne Ankerstelle in diesem Informationssegment..................

.................Inhalt...

....Neu............

Überschrift 2

....

....

...............................Zum Beispiel 1.......................................

....

....

Überschrift 3

....

....

Hier geht es zurück zur Überschrift 1 in diesem Dokument.....................

....

...............................Feedback.......................................

....

Grafiken	Firmensitz-Grafik

city.gif

City-Grafik

Ein weiterer Dokumententitel (Beispiel 2 / 2)	Letzte Bearbeitung am 5.5.96 von Erwin J. Knöll	Seite 1 von 2
Ein Beispielprojekt - Vorlage zur Strukturierung von Informationssegmenten in Onlinediensten - Vers. 1.2.		

Abb. 26: Beispiel 2, Seite 1 zur „Vorlage zur Strukturierung von Informationssegmenten"

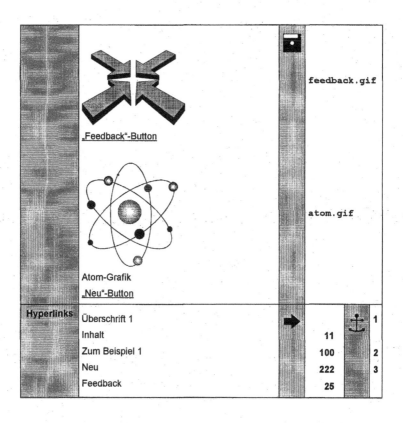

Abb. 27: Beispiel 2, Seite 2 zur „Vorlage zur Strukturierung von Informationssegmenten"

4.3.3 Vorlage zur Aufwandsabschätzung

Eine weiteres wichtiges Formular ist die „Vorlage zur Aufwandsabschätzung für die Aktualisierung der Informationssegmente". Es dient dem Kunden dazu, den Aufwand für die Pflege der Informationen und den damit verbundenen Personalaufwand abzuschätzen.

Genauso wie die „Vorlage zur Strukturierung von Informationssegmenten" wird sie allen Mitarbeitern des Kunden ausgehändigt, die mit der Erfassung der Informationen beauftragt sind, denn die Mitarbeiter der betreffenden Stellen können am besten den Aktualisierungszyklus bestimmter Informationen einschätzen.

Das folgende in Winword erstellte Beispielformular ist technisch ähnlich aufgebaut wie das zuvor besprochene (Eingabe sich wiederholender Informationen über die Funktion „Datei-Info", variable Länge). Der Gesamtaufwand in Stunden pro Monat wird automatisch berechnet:

Wichtig!

Dieses Formular ist ein Anhang zur „Vorlage zur Strukturierung von Informationssegmenten in Onlinediensten". Bei Änderung bzw. Erstellung eines neuen Informationssegments sollte auch immer dieses Formular überprüft bzw. ergänzt werden!

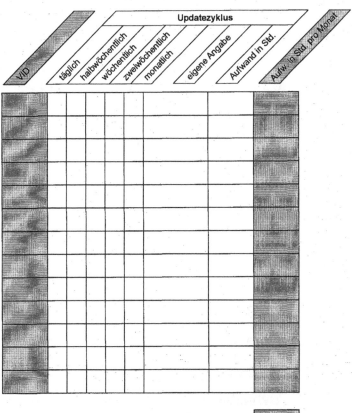

Abb. 28: Vorlage zur Aufwandsabschätzung für die Aktualisierung der Informationssegmente

4.3.4 Erläuterungen und Beispiele zur Aufwandsabschätzung

Nachfolgend sind die zum Formular gehörenden Erläuterungen und ein Beispiel aufgeführt. Sie sind für die Mitarbeiter des Kunden gedacht, die die Informationen eingeben sollen und müssen ggf. kundenspezifisch angepaßt werden. Zu beachten ist jedoch, daß die so gewonnenen Informationen zentral bei der Person zusammenlaufen sollten, die später die Website administriert[71], denn nur sie kann letztendlich die geschätzten Daten an die in der Praxis gewonnenen angleichen und damit die Aufwandsabschätzung in eine Aufwandsübersicht überführen[72].

Wichtig/

Das Formular „Aufwandsabschätzung für die Aktualisierung der Informationssegmente" ist ein Anhang zur „Vorlage zur Strukturierung von Informationssegmenten in Onlinediensten". Bei Änderung bzw. Erstellung eines neuen Informationssegments sollte auch immer dieses Formular überprüft bzw. ergänzt werden!

Eintragen / Ändern des Bearbeiters

Das Eintragen bzw. Ändern des Bearbeiters wird ausschließlich über das MENÜ „DATEI" PUNKT „DATEI-INFO" vorgenommen. Diese Änderung ist jedoch erst *beim nächsten Laden* des Formulars sichtbar(!). Das Datum wird automatisch aktualisiert.

Updatezyklus

Der Updatezyklus bezeichnet den durchschnittlichen zeitlichen Rahmen, in der die in einem Informationssegment enthaltene Information aktualisiert werden muß (z.B. Preislisten, Veranstaltungskalender etc.).

Die Berechnung des Aufwandes in Stunden sollte die Zeiten für die Informationsbeschaffung und -verarbeitung berücksichtigen, jedoch nicht die Zeiten für die originäre Erstellung. Eine Preisliste oder ein Veranstaltungskalender wird im Normalfall nicht ausschließlich für die Veröffentlichung in der

---

[71] Siehe dazu den Abschnitt „Der Webmaster, Definition und Aufgaben" auf S. 132
[72] Weitere Informationen hierzu finden sich im Abschnitt „Updates und Neuerstellung von Seiten" auf S. 133

Website erstellt, die Informationen müssen aber beschafft und verarbeitet werden.

Erzeugung neuer Zeilen

Zur Erzeugung einer neuen leeren Zeile, positioniert man den Schreibcursor mit der Maus zuerst in einem beliebigen Feld der letzten Formularzeile und wählt dann im MENÜ „TABELLE" den PUNKT „ZEILEN EINFÜGEN" aus. Die Seiten werden dabei automatisch umgebrochen und numeriert.

Ausdrucken des Formulars

Vor dem Ausdrucken empfiehlt es sich, über den Weg: MENÜ „DATEI", PUNKT „DRUCKEN", FELD „DRUCKER", FELD „OPTIONEN" eine *feine* Rasterung auszuwählen, um einen guten Grauton zu erhalten.

Außerdem muß folgende Funktion eingeschaltet sein: MENÜ „EXTRAS", PUNKT „OPTIONEN", KARTE „DRUCKEN", ZEILE „FELDER AKTUALISIEREN".

Beispiel zum Ausfüllen des Formulars

Die VID (Vorläufige Identifikationsnummer) des jeweiligen Dokuments wird mit führenden Nullen eingetragen. Zum Markieren eines Tabelleneintrags des Updatezyklus verwendet man das große „X".

VID	Updatezyklus: täglich	halbwöchentlich	wöchentlich	zweiwöchentlich	monatlich	eigene Angabe	Aufwand in Std.	Aufw. in Std. pro Monat
00001	X						0,25	7,5
00002					X		2	2
00003			X				1	4
00004		X					0,5	4
00005				X			1	2
00006						alle 10 Tage	2	6

Gesamtaufwand in Std. pro Monat **25,5**

Letzte Bearbeitung am 5.5.96 von Erwin J. Knöll Seite 1 von 1
Ein Beispielprojekt - Vorlage zur Aufwandsabschätzung für die Aktualisierung der Informationssegmente - Vers. 1.1

Abb. 29: Beispiel zur „Vorlage zur Aufwandsabschätzung für die Aktualisierung der Informationssegmente"

5. Design

5.1 Einführung

Die nachfolgenden Definitionen und Erläuterungen beziehen sich zunächst abstrakt auf ein beliebiges Hypertext-Informationssystem und werden anschließend auf das WWW abgebildet.

5.1.1 Informationssegment und Hyperlink

Def. 1: Informationssegment

Ein Informationssegment ist eine syntaktisch abgeschlossene Ansammlung von Informationen zu einem bestimmten Thema, die auch semantisch abgeschlossen sein kann.

Abb. 30: Graphische Darstellung eines Informationssegments

Die Forderung nach syntaktischer Abgeschlossenheit hat zwei Gründe: Erstens muß die in einem Informationssegment enthaltene Information endlich, also abgeschlossen sein, zweitens muß die Codierung der Information syntaktisch korrekt sein. Des weiteren sollte auch der Inhalt, also das, was die Information einem Betrachter übermittelt, abgeschlossen sein.

Def. 2: Hyperlink

Seien A und B Informationssegmente. Dann ist ein Hyperlink ein Zeiger von A in A oder von A in B. Aktiviert ein Benutzer den Hyperlink, dann wird ihm die Information dargestellt, auf die der Hyperlink deutet.

Abb. 31: Graphische Darstellung eines Hyperlinks

Existieren in A mehrere Hyperlinks, die in B zeigen, so wird dies in der graphischen Darstellung aus Gründen der Übersichtlichkeit nur durch einen einzigen Hyperlink angezeigt. Dies gilt auch dann, wenn die Hyperlinks auf verschiedene Stellen in B zeigen, so daß man Abb. 31 lesen sollte als: Von A zeigt mindestens ein Hyperlink in B.

5.1.2 Allgemeine Arten von Hyperlinks

Def. 3: Lokaler Hyperlink (L-Typ)

Sei A ein Informationssegment. Dann ist ein lokaler Hyperlink ein Zeiger von A in A.

Abb. 32: Graphische Darstellung eines lokalen Hyperlinks

Diese Darstellung wird im Abschnitt „Graphische Administration einer Website" auf Seite 135 aus Gründen der Übersichtlichkeit nicht berücksichtigt.

Def. 4: Globaler Hyperlink (G-Typ)

Seien A und B Informationssegmente. Dann ist ein globaler Hyperlink ein Zeiger von A in B.

Existiert je ein globaler Hyperlink von A in B und von B in A, dann wird diese Beziehung aus Gründen der Übersichtlichkeit durch einen Doppelpfeil symbolisiert.

Abb. 33: Äquivalente Darstellung zweier globaler Hyperlinks

Ein globaler Hyperlink kann auf eine beliebige Stelle in einem anderen Informationssegment zeigen.

Def. 5: Standard-Hyperlink (S-Typ)

Ein Standard-Hyperlink ist der Normalfall eines globalen Hyperlinks. Seien X und Y Informationssegmente. Dann ist ein Standard-Hyperlink ein Zeiger von X auf den Anfang A von Y.

Abb. 34: Graphische Darstellung eines Standard-Hyperlinks

Diese Darstellung wird im Abschnitt „Graphische Administration einer Website" auf Seite 135 aus Gründen der Übersichtlichkeit nicht berücksichtigt.

5.2 Design der Benutzerführung

5.2.1 Arten von Informationssegmenten

Def. 6: Master-Informationssegment

Ein Master-Informationssegment ist ein Informationssegment von übergeordneter Bedeutung für die ganze Website, auf das von jedem Standard-Informationssegment mindestens ein Standard-Hyperlink zeigt.

Def. 7: Start-Informationssegment

Ein Start-Informationssegment ist ein spezielles Master-Informationssegment, welches Einstiegs- und Bezugspunkt des gesamten Informationssystems[73] ist.

Def. 8: Standard-Informationssegment

Ein Standard-Informationssegment ist ein Informationssegment, welches kein Master-Informationssegment ist.

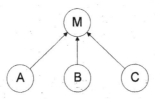

*Abb. 35: Graphische Darstellung eines Master-Informationssegments M
mit drei Standard-Informationssegmenten A, B und C*

---

[73] Siehe Def. 14: Hypertext-Informationssystem auf S. 71

5.2.2 Spezielle Arten von Hyperlinks

Def. 9: Master-Hyperlink

Sei M ein Master-Informationssegment und A ein Standard-Informationssegment. Dann ist ein Master-Hyperlink ein Standard-Hyperlink von A in M.

Abb. 36: Graphische Darstellung eines Master-Hyperlinks

Ein Master-Hyperlink definiert sich also über das Informationssegment, auf das
er zeigt. Wäre A in Abb. 36 ein Standard-Informationssegment, dann wäre der
Hyperlink ein Standard-Hyperlink.

Def. 10: Navigations-Hyperlink

Ein Navigations-Hyperlink ist ein Standard-Hyperlink und hat immer ein Gegenstück. Seien A und B Informationssegmente. Dann existiert immer ein Navigations-Hyperlink von A in B und ein Gegenstück von B in A.

Abb. 37: Graphische Darstellung eines Navigations-Hyperlinks und seinem Gegenstück

Bei der graphischen Administration der Informationssegmente ist eine Hervor-
hebung zwischen Navigations-Hyperlinks und den anderen Arten nicht nötig, da
die meisten Hyperlinks diesem Typ entsprechen und das Grundgerüst eines
Informationssystems bilden. Im Zusammenhang mit den Navigationspfad ist
dieser Begriff jedoch wichtig.

5.2.3 Gruppen von Informationssegmenten

Def. 11: Informationspool

Ein Informationspool besteht aus einer Gruppe von Informationssegmenten mit
thematisch zusammenhängenden Informationen, die über Navigations-Hyperlinks zyklisch verkettet sind.

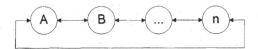

Abb. 38: Graphische Darstellung eines Informationspools

Zyklisch bedeutet, das ein Besucher von einem Informationssegment A über alle anderen Informationssegmente des Informationspools, durch Aktivierung der jeweils zugehörigen Navigations-Hyperlinks in einer bestimmten Richtung, irgendwann wieder A erreicht.

Def. 12: Informationsebene

Eine Informationsebene besteht aus einer Gruppe von Informationssegmenten oder Informationspools, die inhaltlich die gleiche Priorität besitzen.

Def. 13: Priorität eines Informationssegments

Die Priorität eines Informationssegments spiegelt die Wichtigkeit der enthaltenen Informationen wider. Sie wird folgendermaßen berechnet:

■ Priorität eines Informationssegments = 1 + Anzahl der zu aktivierenden Navigations-Hyperlinks bis zum Start-Informationssegment.

Master-Informationssegmente haben stets die höchste Priorität 1. Statt der Langform „Die Informationsebene mit der Priorität n" kann auch die äquivalente Kurzform „Die Informationsebene n" benutzt werden.

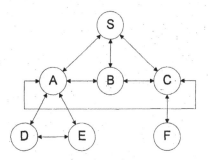

Abb. 39: Graphische Darstellung von einem Informationssystem mit drei Informations-ebenen, den zugehörigen Navigations-Hyperlinks, einem Start-Informationssegment S und den Standard-Informationssegmenten A bis F

In Abb. 39 besteht die Informationsebene 1 nur aus S, Ebene 2 aus einem Informationspool mit A, B und C und Ebene 3 aus einem Informationspool mit D und E und dem Standard-Informationssegment F. Bezogen auf einzelne Informationssegmente könnte man z.B. auch sagen: F hat die Priorität 3, B die Priorität 2 und S die Priorität 1.

Def. 14: Hypertext-Informationssystem

Ein Hypertext-Informationssystem besteht aus der Gesamtheit aller Informationssegmente und Hyperlinks zu einem bestimmten Thema. Wenn in dieser Diplomarbeit von einem Informationssystem die Rede ist, so ist damit immer ein Hypertext-Informationssystem gemeint. Jedes Informationssystem besitzt genau ein Start-Informationssegment, kann aber auch weitere Master-Informationssegmente besitzen.

5.2.4 Informationspfad vs. Navigationspfad

Def. 15: Informationspfad

Ein Informationspfad ist die Abfolge aller durch einen Benutzer besuchten Informationssegmente und der dabei aktivierten Hyperlinks. Der Informationspfad beschreibt die Position eines Informationssegments *relativ* zu einem zuvor besuchten.

Def. 16: Navigationspfad

Ein Navigationspfad ist die Abfolge aller durch einen Benutzer besuchten Informationssegmente und der dabei aktivierten Navigations-Hyperlinks. Der Navigationspfad beschreibt die Position eines Informationssegments *absolut* zu einem anderen. Er dient der Bequemlichkeit eines Besuchers bei seinen Bewegungen in einem Informationssystem.

Der Unterschied zwischen Informationspfad und Navigationspfad ist wichtig und soll an folgendem Beispiel verdeutlicht werden:

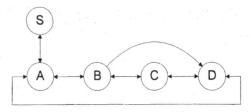

Abb. 40: Zum Unterschied zwischen Informations- und Navigationspfad

Ein Benutzer besucht das Informationssystem in Abb. 40, bestehend aus einem Start-Informationssegment S und den Standard-Informationssegmenten A bis D. Die Reihenfolge der von ihm besuchten Informationssegmente ist S, A, B, D. Wählt er danach den Navigations-Hyperlink nach links, so gelangt er nicht zurück nach B, sondern zu C. Sein Informationspfad besteht also aus:

S	Navigations-Hyperlink zu	A
A	Navigations-Hyperlink zu	B
B	globaler Hyperlink zu	D
D	Navigations-Hyperlink zu	C

Sein Navigationspfad besteht dagegen lediglich aus:

S	Navigations-Hyperlink zu	A
A	Navigations-Hyperlink zu	B
D	Navigations-Hyperlink zu	C

Daraus folgt, daß die Betrachtersoftware eines Informationssystems eine Funktion zur Verfügung stellen sollte, um den Informationspfad in umgekehrter Reihenfolge abzurufen, um jeweils zu dem Informationssegment zu gelangen, an dem sich der Besucher zuletzt aufgehalten hat (LIFO[74]-Prinzip). In der Praxis stellen alle Web-Clients eine solche Funktion zur Verfügung.

5.2.5 Analogien zum World Wide Web

Nach der abstrakten Erläuterung der Begriffe in den vorangegangenen Abschnitten kann man nun in bezug auf das World Wide Web, als wichtigsten Dienst des Internet, folgende Definitionen formulieren:

Def. 17: Website

Eine Website[75] ist ein Hypertext-Informationssystem im World Wide Web.

Def. 18: Homepage

Eine Homepage ist das Start-Informationssegment einer Website.

Def. 19: Homesite

Eine Homesite ist eine private Website.

---

[74]   Abkürzung für: *Last In, First Out.*
[75]   Kurzform für „World Wide Web Site".

Def. 20: Seite

Eine Seite ist eine Repräsentation der Informationen eines Informationssegments in einer HTML-Datei, die ein Besucher – interpretiert durch einen Web-Client – betrachten kann.

5.2.6 Kommentiertes Beispiel einer Website

Zum besseren Verständnis der vorangegangenen Definitionen dient das nachfolgende Beispiel einer Website (IS ≙ Informationssegment):

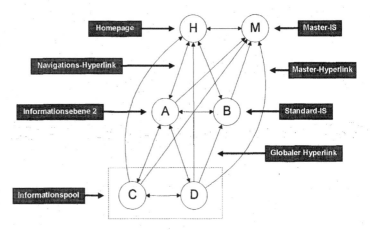

Abb. 41: Beispiel einer Website mit einer Homepage H und einem weiteren Master-Informationssegment M[76]

Den beispielhaften Erläuterungen (blau) in Abb. 41 folgt nun eine detaillierte Beschreibung aller Zusammenhänge, die sich aus der Darstellung der Website entnehmen lassen:

■ Informationssegmente

Die Website besteht aus zwei Master-Informationssegmenten H und M, mit H als Homepage (Start-Informationssegment) und den Standard-Informationssegmenten A, B, C und D.

---

[76] Siehe hierzu auch den Abschnitt „Graphische Administration einer Website" ab S. 135

■ Informationsebene und Informationspool

H und M bilden den Informationspool der Informationsebene 1. Die Informationsebene 2 besteht aus einem Informationspool mit A und B, die Informationsebene 3 aus einem Informationspool mit C und D.

■ Navigations-Hyperlinks

Alle Informationssegmente sind über die folgenden Navigations-Hyperlinks
miteinander verbunden:

Auf Informationsebene 1: H → M , M → H.

Von Informationsebene 1 zur Informationsebene 2: H → A , H → B.

Von Informationsebene 2 zur Informationsebene 1: A → H , B → H.

Auf Informationsebene 2: A → B , B → A.

Von Informationsebene 2 zur Informationsebene 3: A → C , A → D.

Von Informationsebene 3 zur Informationsebene 2: C → A , D → A.

Auf Informationsebene 3: C → D , D → C.

■ Master-Hyperlinks

Von jedem Standard-Informationssegment führt ein Master-Hyperlink zu den
Master-Informationssegmenten H und M, also: A → H , A → M , B → H , B → M ,
C → H , C → M , D → H , D → M.

Bei Standard-Informationssegmenten, die direkt einem Master-Informationssegment untergeordnet sind, ist der Master-Hyperlink und der Navigations-
Hyperlink identisch, im Beispiel also: A → H , B → H.

■ Globale Hyperlinks

Es existiert ein globaler Hyperlink: D → B.

5.3 Styleguide einer Website

5.3.1 Überblick

Ein *Styleguide* liefert Vorgaben zur Erstellung von Seiten für eine Website. Er beschreibt, wie Inhalte angeordnet und dargestellt werden sollten, um ein einheitliches und einprägsames Erscheinungsbild der Informationen, die dem Besucher übermittelt werden sollen, sicherzustellen.

Ein Styleguide kann sowohl allgemeingültige Aussagen zu einer Website enthalten als auch kundenspezifische Elemente, um das Design der Website in die „Corporate Identity" eines Unternehmens zu integrieren.

Die nachfolgenden Abschnitte beschreiben wichtige Punkte eines Styleguides zu allgemeinen Fragestellungen. In einem kundenspezifischen Styleguide können aber auch weitere Informationen aufgenommen werden, z.B. zur *Ersterfassung von Informationen* oder zu *Templates*[77].

5.3.2 Vergabe von Dateinamen

Jede Seite einer Website besteht aus einer HTML-Datei und den ihr zugehörigen Hypermedien, auf die im HTML-Code verwiesen wird, z.B. Grafiken.

Eine naheliegende Möglichkeit für die Benennung dieser Dateien wäre nun die Angabe eines kurzen Stichworts zum Inhalt. Diese Vorgehensweise birgt jedoch den großen Nachteil, daß bei einer späteren Änderung relativ viel Arbeit für die Änderungen der Dateinamen in den HTML-Dateien anfällt, insbesondere für die in Templates befindlichen Hypermedien. Die folgende Abbildung gibt ein Beispiel für die inhaltsbezogene Vergabe von Dateinamen:

---

[77] Siehe hierzu die Abschnitte „Ersterfassung der Informationen" auf S. 50 und „Templates" auf S. 93

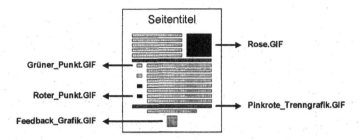

Abb. 42: Inhaltsbezogene Vergabe von Dateinamen

Um diesem Arbeitsaufwand zu entgehen, bietet sich die Vergabe von allgemein-gültigen oder abstrakten Dateinamen an, bei denen man den Inhalt aus-tauschen kann, ohne den Namen ändern zu müssen. Die Realisierung bei der Namensvergabe für HTML-Dateien wurde schon im Abschnitt „Ersterfassung der Informationen" auf S. 50 diskutiert, bei anderen Hypermedien – insbe-sondere Grafiken – sollte man wie folgt vorgehen:

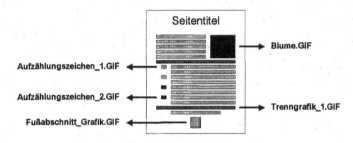

Abb. 43: Abstrakte Vergabe von Dateinamen

Hypermedien, die sehr oft benötigt werden und eventuell auch in der HTML-Basic-Template oder den Sub-Templates Verwendung finden, sollten *immer* abstrakte Dateinamen besitzen. Dazu gehören zum Beispiel in Abb. 43 Strukturelemente wie Aufzählungszeichen und Trenngrafiken. Soll beispiels-weise in Abb. 42 der grüne Punkte in eine gelbe Kugel geändert werden, so würde die inhaltsbezogene Angabe nicht mehr zutreffen und müßte in allen (!) betroffenen HTML-Dateien geändert werden. In Abb. 43 müßte man dagegen lediglich den Inhalt der Grafik austauschen.

Die einzige Ausnahme zu einer abstrakten Namensvergabe sind seiten-spezifische Hypermedien, also z.B. eine Grafik, die nur ein einziges Mal auf einer Seite der Website erscheint. Bleibt die Struktur bestehen und nur die Inhalte ändern sich (z.B. eine Seite, auf der jede Woche eine neue Blume vorgestellt wird), so sollte auch hier eine Angabe gewählt werden, die so allgemein wie möglich ist. Ist die Struktur einmalig, so kann es ausnahmsweise auch Sinn machen, eine inhaltsbezogene Beschreibung zu wählen, z.B. bei Photos von Personen.

5.3.3 Die Wahl der Seitengröße

Die Angabe der Seitengröße richtet sich immer nach der gewählten Bildschirmauflösung der Grafikkarte und der Größe des Browserfensters auf dem Desktop eines Besuchers. Die Seitengröße sollte im Normalfall drei Bildschirmseiten, bei einer Auflösung von 800 x 600 Bildpunkten und voll aufgezogenem Fenster, nicht überschreiten. Die Gründe hierfür sind in der folgenden Übersicht zusammengefaßt:

■ Ladezeit

Das Datenvolumen einer HTML-Seite, also der Text und alle auf der Seite enthaltenen Grafiken und andere Hypermedien, beeinflußt direkt die Ladezeit der Seite vom Web-Server zum Web-Client des Besuchers. Die Übertragung von Text geht im Vergleich von z.B. Grafiken relativ zügig vonstatten. Diese benötigen sehr viel mehr Zeit für die Übertragung, da hier das Datenvolumen *erheblich* größer ist.

■ Bildschirmauflösung

Der Bildschirmausschnitt, den ein Besucher von der gesamten Seite sieht, ist von der von ihm gewählten Bildschirmauflösung der Grafikkarte und der Größe des Browserfensters auf seinem Desktop abhängig. Im folgenden wird immer von einem maximal aufgezogenem Fenster ausgegangen, so daß die Fenstergröße der Bildschirmauflösung entspricht. Je höher die Auflösung, desto mehr Informationen können auf dem Bildschirm auf einmal dargestellt werden.

Gängige Auflösungen auf einem PC, auf dem Microsoft Windows läuft, sind 640 x 480, 800 x 600 und 1024 x 768 Bildpunkte (Pixel). Letztere kann jedoch erst ab einem 17-Zoll Monitor aufwärts sinnvoll genutzt werden. Die Allgemeinheit der PC-Besitzer benutzt aber heutzutage immer noch 14- bzw. bestenfalls 15-Zoll Monitore, auf denen mit einer Auflösung von maximal 800 x 600 Bildpunkten sinnvoll gearbeitet werden kann.

Bei einer Auflösung von 640 x 480 Bildpunkten ist ein effizientes Arbeiten mit einer grafischen Benutzeroberfläche wie Windows nur sehr eingeschränkt möglich, deshalb kann man im Augenblick von folgenden sinnvollen Kombinationen ausgehen:

Monitorgröße [Zoll]	Bildschirmauflösungen [Pixel]
14, 15	800 x 600
17	1024 x 768, 1152 x 864
20, 21	1280 x 1024, 1600 x 1200

Tab. 7: Sinnvolle Bildschirmauflösungen bei verschiedenen Monitorgrößen

Benutzer von anderen Computersystemen, wie z.B. Apple Macintosh oder Unix-Workstations, benutzen ähnliche Auflösungen.

Den Text- und Grafikumbruch bei verschiedenen Seitengrößen besorgen die am Markt befindlichen Web-Clients für fast alle Formatierungen automatisch, die Größe der Grafiken ist jedoch statisch. Deshalb sollten die Grafiken so entworfen werden, daß sie auch bei der kleinstmöglichen Auflösung von 640 x 480 Bildpunkten noch gut sichtbar sind. Eine zu große Grafik würde sonst einfach über den rechten Bildschirmrand hinausragen. Zum einen stört dies den Gesamteindruck erheblich, zum anderen könnten dem Besucher so wichtige Informationen vorenthalten werden.

Zusammenfassend läßt sich also festhalten, daß das gesamte Design der Website möglichst allen vorhandenen Auflösungen gerecht werden sollte.

Anmerkung: Gerade bei der Verwendung von aufwendigen Tabellenstrukturen zu Layoutzwecken kann es bei einer Auflösung von nur 640 x 480 Bildpunkten zu Problemen kommen, wenn diese auch bei höheren Auflösungen noch ansprechend aussehen sollen, denn sie werden ebenfalls von den Web-Clients automatisch umgebrochen. Diese „Trade-Off"-Problematik zwischen verschiedenen Alternativen ist beim Webdesign und der Implementationsstrategie allgegenwärtig!

■ Scrollbar

Über den im Normalfall auf der rechten Seite eines Web-Clients plazierten Scrollbar (Rollbalken) kann der sichtbare Ausschnitt einer Seite auf dem

Bildschirm ausgewählt werden. Obwohl dies keine schwierige Arbeit ist, sollte der Besucher dennoch nicht übermäßig gezwungen sein, ihn zu benutzen. Bei zu langen Seiten besteht außerdem die Gefahr, daß sich der Besucher auf der Seite „verirrt", Informationen durch Überblättern übersieht bzw. oft mit dem Mauszeiger auf den Scrollbar klicken muß, um zum Anfang oder zum Ende der Seite zu gelangen, wo sich die Navigationselemente[78] befinden sollten.

5.3.4 Informationsaufbereitung

Texte, die bei einer Auflösung von 800 x 600 Bildpunkten und voll aufgezogenem Fenster länger als die empfohlene Seitengröße von maximal drei Bildschirmseiten sind, sollten aufgeteilt werden.

■ Gruppenbildung

Im allgemeinen lassen sich bei längeren Texten immer Gruppen von zusammengehörigen Informationen finden. Für diese Gruppen werden dann eigene Seiten angelegt. Bei sehr langen Texten mit vielen Gruppen wird, für diese eine eigene Themenübersicht angelegt. Bei nur wenigen Gruppen (ca. zwei bis drei) sollten diese nach Möglichkeit in andere Themenübersichten mit aufgenommen werden.

Lassen sich ausnahmsweise einmal keine sinnvollen Gruppen finden, so sollte man die Information dennoch aufteilen und auf einzelne Seiten verteilen. Man bildet in diesem Fall einfach Teil 1 bis n der Informationen.

■ Gesamttextdatei

Soll ein Besucher Informationen für sich bequem lokal abspeichern können, so sollte dafür ein Hyperlink auf eine Gesamttextdatei existieren, *zusätzlich* zu den eigentlichen Seiten und mit einer entsprechenden Bemerkung, wie lange die durchschnittliche Ladezeit betragen wird (ausgehend von einem 14.400 Baud Modem).

Alternativ kann man natürlich auch dem Besucher anbieten, eine solche Gesamttextdatei als komprimiertes File via eMail anzufordern oder den Download der Datei über FTP ermöglichen.

---

[78] Siehe dazu auch den Abschnitt „Aufbau einer HTML-Seite" auf S. 106

5.3.5 Hinweise auf die Aktualisierung von Seiten

Um einen Besucher auf die Aktualität von Informationen hinzuweisen, gibt es verschiedene Möglichkeiten:

■ Neue Themen

Neu hinzugekommene Themen sollten für einen bestimmten Zeitraum (z.B. zwei Wochen) in der entsprechenden Themenübersicht mit einer kleinen „Neu!"-Grafik gekennzeichnet werden.

■ Aktualisierte Themen

Schon bestehende Themen, die inhaltlich gravierend überarbeitet wurden, sollten für einen bestimmten Zeitraum in der entsprechenden Themenübersicht mit einer kleinen „Update!"-Grafik gekennzeichnet werden.

■ „Was gibt's Neues?"-Seite

Alternativ zu den eben genannten Punkten besteht auch die Möglichkeit, eine „Was gibt's Neues?"-Seite einzurichten, auf der wichtige Neuerungen bzw. Änderungen per Hyperlink direkt zur gewünschten Information führen.

■ Seitendatum

Abschließend sollte nach jeder (auch nur kleinen) Änderung einer Seite das Seitendatum, wie im Abschnitt „Der Fußabschnitt" auf Seite 108 beschrieben, geändert werden.

5.3.6 Textattribute

Im allgemeinen gilt für die folgenden Textattribute: *Weniger ist mehr!* Man sollte die relativ kurzen Texte der einzelnen Seiten auf keinen Fall mit Attributen „überladen", um die Lesbarkeit insgesamt nicht zu beeinträchtigen. Die Wahl der Attribute für bestimmte Sachverhalte sollte dabei möglichst kontinuierlich für alle Seiten der Website gewählt werden:

Attribut:	Bemerkungen:
Fett	Wie auch in normalen Texten üblich, sollten wichtige Worte fett ausgezeichnet sein. Gibt es zu solch einem Wort eine inhaltliche Beziehung zu einer anderen Seite der Website, so kann daraus auch zusätzlich ein Hyperlink gemacht werden.
Kursiv	Worte, die betont werden sollen, werden *kursiv* ausgezeichnet.
`Konstante Breite`	Textpassagen, bei denen es darauf ankommt, daß der Abstand zwischen den Buchstaben `immer gleich groß` ist oder dem eine besondere Bedeutung beigemessen werden soll (z.B. Anweisungen), sollten proportional ausgezeichnet sein. Zu beachten ist jedoch, daß hierfür eine eigene Schriftart verwendet wird (meistens `Courier`), die im Web-Client auch mit einer eigenen Basisschriftgröße eingestellt werden kann. Unter Umständen kann die Schriftgröße zwischen der Normalschrift und der Proportionalschrift also (deutlich) variieren!
Unterstreichungen	Unterstreichungen sind zwar inzwischen theoretisch möglich[79], d.h. sie werden von einigen wenigen Web-Clients unterstützt, sollten aber nicht angewandt werden, da standardmäßig unterstrichene Wörter Hyperlinks darstellen und man einen Besucher der Website damit nicht verwirren sollte.

Tab. 8: Textattribute in HTML-Seiten

5.3.7 Grafikformate

■ *Vorbemerkung*: In den folgenden Abschnitten wird zusammenfassend unter einer Grafik sowohl eine Zeichnung als auch eine Photographie verstanden.

Von den vielen heute existierenden Grafikformaten haben sich für die Einbindung in HTML-Seiten zwei quasi-Standards durchgesetzt, die von fast allen derzeit am Markt befindlichen Web-Clients unterstützt werden: Das „Graphics Interchange Format" (GIF) der Firma Compuserve und das JPEG-Format der „Joint Picture Experts Group". Jedes Grafikformat hat Vor- und Nachteile, in der Summe ergänzen sich jedoch beide. Die Stärken und Schwächen im einzelnen:

---

[79] Ab dem HTML 3.0 Draft

Tab. 9: Vor- und Nachteile des GIF-Grafikformats

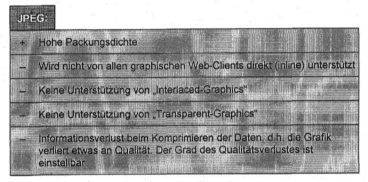

Tab. 10: Vor- und Nachteile des JPEG-Grafikformats

Wie man erkennt, sind die Vorteile von GIF die Nachteile von JPEG und umgekehrt. Weitere Grafikformate sind möglich, müssen aber dann über sogenannte „Helper-Applications" (Hilfsprogramme) in den Browser einge-bunden werden. Die Grafiken erscheinen also nicht direkt in der HTML-Seite, sondern in einem externen Betrachtungsprogramm. Mit Hilfe von Konver-tierungsprogrammen lassen sich aber alle wichtigen Grafikformate in das GIF- oder JPEG-Format überführen. Die technischen Spezifikationen für diese beiden Formate sind z.B. unter den URLs `http://www.dcs.ed.ac.uk/home/mxr/gfx/2d/GIF89a.txt` bzw. `http://www.dcs.ed.ac.uk/home/mxr/gfx/2d/JPEG.txt` verfügbar.

Zwei hervorzuhebende Merkmale beim GIF-Format sind die Attribute „Interlaced" (verwoben) und „Transparent" (durchscheinend). Normalerweise wird eine Grafik zeilenweise von oben nach unten oder umgekehrt aufgebaut. Das Attribut „Interlaced" bedeutet, daß die gesamte Grafik von Anfang an sichtbar ist, die gesamte Bildinformation sich aber erst nach und nach entwickelt (ähnlich einem verschwommenen Photo, daß nach und nach schärfer wird). Eine Option, die es dem Besucher unter Berücksichtigung der derzeit verfügbaren Datenübertragungsraten erlaubt, den Inhalt einer Grafik schneller zu erkennen. Das Attribut „Transparent" erlaubt eine Farbe der Farbpalette als unsichtbar zu definieren, um z.B. einen Schriftzug auf dem jeweiligen Seitenhintergrund erscheinen zu lassen.

Zusammenfassend folgt daraus, daß im Normalfall Grafiken im GIF-Format verwendet werden sollten. Nur bei (sehr) großen Grafiken, z.B. Übersichtskarten, sollte auf das JPEG-Format zurückgegriffen werden, da beim GIF-Format das Datenvolumen und somit die Ladezeit um ein vielfaches höher wäre.

Bei Hyperlinks auf Seiten mit großen Grafiken oder vielen kleineren kann es wegen der damit verbundenen Ladezeit sinnvoll sein, den Besucher vorher darauf hinzuweisen. Zusätzlich kann man auch die durchschnittliche Ladezeit der gesamten Seite angeben, falls diese mehr als 30 Sekunden beträgt. Grundlage für die Berechnung sollte stets ein 14.400 Baud Modem mit durchschnittlichen Übertragungsraten von ca. 1,0 - 1,2 KB/s (bei mittlerer Verbindungsqualität) sein, da dies der zur Zeit üblichen Ausstattung eines Internet-Teilnehmers entspricht.

5.3.8 Farbauflösung und Farbreduktion

Grafikkarten können abhängig von der gewählten Bildschirmauflösung eine bestimmte Anzahl von Farben darstellen (*Farbauflösung*), auch als *Farbtiefe n in Bit* darstellbar (2^n = Anzahl der möglichen Farben). Folgende Farbauflösungen sind bei heutigen Grafikkarten möglich:

Modus:	Art:	Farben:	Farbtiefe [Bit]:
16	Palette	16	4
256	Palette	256	8
Hicolor 32	Echtfarben	32.768	15
Hicolor 64	Echtfarben	65.536	16
Truecolor	Echtfarben	16.777.216	24

Tab. 11: Farbmodi von Grafikkarten

Zu unterscheiden sind hierbei palettenorientierte- und Echtfarben-Darstellungen. Bei einer palettenorientierten Darstellung wird aus allen möglichen Farben eine Palette der verwendeten Farben zusammengestellt. Eine Echtfarbdarstellung unterscheidet sich dagegen ausschließlich durch die verwendete Farbtiefe. Durchschnittliche Computerbesitzer verwenden heute Farbauflösungen von 256 Farben und mehr. Der Unterschied zwischen Hi- und Truecolorfarben ist für das menschliche Auge fast nicht sichtbar.

Grafiken sollten also immer so gestaltet sein, daß sie entsprechend dem zur Zeit gültigen kleinsten gemeinsamen Nenner von 256 Farben möglichst genauso gut aussehen wie bei einer höheren Farbtiefe.

Ist eine neue Grafik fertig gestaltet oder ein Photo nachbearbeitet, sollte man versuchen, die verwendeten Farben soweit wie möglich zu reduzieren, ohne das ursprüngliche Aussehen zu beeinträchtigen. Meistens reichen 32, 64 oder 128 Farben für eine Grafik bzw. ein Photo völlig aus. Sinn der Farbreduktion ist die Verkleinerung des Datenvolumens und der so erzielte Geschwindigkeitsvorteil beim Laden in den Webbrowser. Die folgende Abbildung versucht, einen Eindruck über die Ergebnisse durch Farbreduktion und die damit verbundene Verringerung der Dateigröße zu vermitteln. Die Beispielgrafik[80] im Format 334 x 219 Bildpunkte besitzt im Original-TIFF-Format[81] (Truecolor) eine Größe von 219,7 KB.

---

[80] Quelle: „Karneval in Venedig" - Foto CD-ROM, Picture Design, Tewi 1994

[81] Abkürzung für *Tagged Image File Format*, ein populäres Grafikformat im Grafik- und DTP-Bereich.

Ausgangsgrafik: Dithered: Ordered:

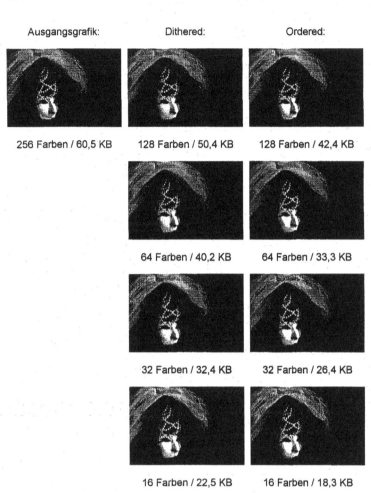

256 Farben / 60,5 KB   128 Farben / 50,4 KB   128 Farben / 42,4 KB

64 Farben / 40,2 KB   64 Farben / 33,3 KB

32 Farben / 32,4 KB   32 Farben / 26,4 KB

16 Farben / 22,5 KB   16 Farben / 18,3 KB

*Abb. 44: Auswirkungen von Farbreduktionen auf die Dateigröße
einer Grafik im GIF-Format*

Bei der Reduktion kann man zwischen den Modi *Dithered* und *Ordered* wählen. Im Ordered-Modus wird lediglich die Anzahl der Farben reduziert, wogegen im Dithered-Modus anschließend ein spezieller Algorithmus die verbliebenen Farben so verteilt, daß dem menschlichen Auge mehr Farben vorgetäuscht werden, als eigentlich vorhanden sind (ähnlich dem Schwarzweiß-Rasterverfahren bei Tageszeitungen, die dem menschlichen Auge Grautöne vortäuschen). Die Datenkompression ist deshalb im Dithered-Modus etwas schlechter als im Ordered-Modus.

5.3.9 ALT-Tag

Jede Grafik sollte mit einem HTML-ALT-Tag[82] versehen sein (ALT steht für *Alternate*). Der Tag sollte eine möglichst zutreffende Beschreibung der jeweiligen Grafik enthalten, z.B. für das Photo aus Abb. 44 „Karneval in Venedig, Maske 1"[83]. Die Informationen des ALT-Tags werden sowohl in textorientierten als auch in graphischen Web-Clients (bei ausgeschalteter Ladefunktion für Grafiken) anstatt der Grafik angezeigt. Der ALT-Tag erlaubt so einem Besucher zu erkennen, was alles an Informationen auf einer HTML-Seite enthalten ist.

5.3.10 Hintergrundgrafiken

Hintergrundgrafiken (Background Images) sind Grafiken, die beim Laden einer HTML-Seite hinter den Text und die eigentlichen Grafiken gelegt werden.

Obwohl eine Hintergrundgrafik beliebig groß sein kann, sollte man immer nur kleine, sich wiederholende Ausschnitte gestalten, da bei zu großen Grafiken der Besucher zu lange auf das Laden der Seite warten muß. Einige Web-Clients laden zudem zuerst die Hintergrundgrafik und zeigen erst danach den Text an. Somit sieht ein Besucher nach der Anwahl einer Seite bei einer zu großen Hintergrundgrafik für einige Sekunden erst einmal gar nichts, was ihn verwirren kann. Er könnte z.B. annehmen, daß die Seite nicht verfügbar ist und den Ladevorgang vorzeitig abbrechen. Insbesondere auf der Homepage sollte deshalb eine vom Datenvolumen her sehr kleine Hintergrundgrafik verwendet werden.

Auch hier gilt: Die Größe einer Hintergrundgrafik setzt sich aus deren Ausmaßen (in Bildpunkten) und der gewählten Farbtiefe (in Bit) zusammen. Normalerweise reichen 32 oder 64 Farben vollkommen aus, was einer Farbtiefe von 5 bzw. 6 Bit entspricht. Die Farbtiefe kann mit entsprechenden Programmen beeinflußt werden[84]. Man sollte sie so klein wie vertretbar wählen.

Mit Hintergrundgrafiken lassen sich beachtliche Effekte erzielen, man kann damit eine Seite aber auch sehr schnell äußerst unleserlich machen. Im allgemeinen gilt deshalb: Je dezenter desto besser. Es handelt sich schließlich

---

[82] Siehe dazu den Abschnitt „Die Hypertext Markup Language" ab S. 88
[83] Allerdings unter Berücksichtigung der diskutierten Punkte im Abschnitt „Vergabe von Dateinamen" auf S. 75
[84] Siehe dazu den Abschnitt „Sonstige Software" auf S. 38

um eine Hintergrundgrafik, die das Gesamtbild einer Seite abrunden, aber nicht bestimmen sollte.

5.3.11 Feedback-Strategie

Auf *jeder* Seite einer Website sollte der Besucher die Möglichkeit haben, Fragen zu stellen, Anregungen zu geben, Eindrücke zu Schildern, kurzum – zu kommunizieren. Für die Umsetzung dieser Kommunikation existieren grundsätzlich zwei Alternativen:

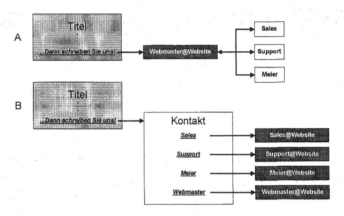

Abb. 45: Alternative Kommunikationsstrategien

Jede Website sollte zumindest eine Kontaktmöglichkeit zum Webmaster bieten, der alle Mitteilungen zentral bearbeitet bzw. zur Beantwortung an die entsprechenden Abteilungen oder Personen weiterleitet (Fall A in Abb. 45).

Darüber hinaus kann es aber auch sinnvoll sein, daß bestimmte Gruppen oder Personen direkt erreichbar sind. Alle relevanten eMail-Adressen sollten dann über eine zentrale Service-Seite verfügbar sein (Fall B in Abb. 45).

Die Antwortzeit sollte bei beiden Alternativen nach Möglichkeit zwei Arbeitstage nicht überschreiten, um bei einem Besucher einen guten Eindruck zu hinterlassen. Gerade solche „Kleinigkeiten" sind es, die zu einem Imagegewinn bei den Besuchern einer Website führen können.

6. Implementation

6.1 Die Hypertext Markup Language

6.1.1 Überblick

Die Hypertext Markup Language (HTML) wurde 1990 am CERN in Genf entwickelt und ist heute in einer SGML-DTD[85] beschrieben. SGML[86] ist eine Metasprache zur Definition von strukturierten Dokumententypen und in ISO[87] 8879 definiert.

HTML ist eine plattformübergreifende *Seitenauszeichnungssprache*, keine Seitenbeschreibungssprache wie etwa Postscript. Das bedeutet, daß Auszeichnungen – „Tags" genannt[88] – nur logische Markierungen enthalten, aber keine absoluten.

Eine HTML-Datei besteht aus einem Textfile im Flat-ASCII-Format. Dies gewährleistet einen universellen Einsatz und eine schnelle Datenübertragung. Zudem läßt sie sich prinzipiell mit jedem beliebigen Texteditor bearbeiten. Erst beim Laden wird das Textfile durch den Web-Client interpretiert, ähnlich wie bei einigen Programmiersprachen.

Die Hypertext Markup Language durchläuft seit ihrer Entstehung eine sehr dynamische Entwicklung. Die folgende Tabelle gibt eine Übersicht über die einzelnen Versionen:

---

[85] Abkürzung für *Standard Generalized Markup Language - Document Type Definition*. Eine DTD legt die logische Struktur eines Dokuments fest.

[86] Spezifiziert in ISO 8879: Information Processing - Text and Office Systems - Standard Generalized Markup Language (SGML), 1986. URL: `http://www.iso.ch/cate/d16387.html`

[87] Abkürzung für *International Organisation for Standardisation*, eine international tätige Organisation, die eine ganze Reihe von Standards festlegt bzw. festgelegt hat. Weitere Informationen finden sich unter dem URL: `http://www.iso.ch`

[88] Andere, synonym benutzte, Bezeichnungen für „Tags" sind: Sprachelemente, Befehle oder Formatierungen.

HTML-Version:	Kommentar:
1.0	Beschreibt alle Grundauszeichnungen zum Aufbau eines HTML-Dokuments, das Einbinden von Grafiken und Hyperlinks, verschiedene Textauszeichnungen und einfache Listen. Der Betrachter ist nur Konsument.
2.0	Das komfortable Ausfüllen und Versenden von Formularen (z.B. durch variable Eingabefelder, Checkboxes, Radio-Buttons, Pull-Down- und Listen-Auswahlfelder) ist jetzt möglich und somit Kommunikation in beide Richtungen. Der Betrachter ist jetzt Konsument *und* Produzent. HTML 2.0 wurde bisher als einzige Version (!) durch das W3-Konsortium als IETF RFC 1866 in eine Standardisierungsphase (Standards Track) gebracht[89].
3.0	Wichtigste Neuerung sind die vielfältigen Darstellungsmöglichkeiten von Tabellen (mit und ohne sichtbare Begrenzungslinien, wobei letztere Variante nun auch das genauere Positionieren von Hypermedien, wie z.B. Text und Grafiken ermöglicht). HTML 3.0 existiert nur in einer inzwischen ungültigen Draft-Version und wurde (und wird wohl auch) nie verabschiedet. Ein Update der Tabellen-Auszeichnungen bildet RFC 1942 vom Mai 1996[90].
3.2	Befindet sich im Augenblick noch in Vorbereitung und soll einen einheitlichen Standard aus HTML 2.0, HTML 3.0 und den proprietären Extensions von Netscape und Microsoft bilden, die neben anderen führenden Firmen wie IBM, Novell, SoftQuad, Spyglass und Sun auch an der Entwicklung beteiligt sind[91].

Tab. 12: Stand der Entwicklung der Hypertext Markup Language

Bei der Erstellung von HTML-Seiten müssen einige grundsätzliche Entscheidungen getroffen werden. Zudem muß das Bewußtsein vorhanden sein, daß man für ein *äußerst* variables Medium Informationen gestaltet. Mit diesen Fragestellungen befassen sich die nächsten zwei Abschnitte.

---

[89] Internet Engineering Task Force - Request for Comments 1866 vom November 1995, zu beziehen über `ftp://ds.internic.net/rfc/rfc1866.txt`

[90] Tabellen werden heute von fast allen Browsern unterstützt, die in HTML 3.0 auch angeregten Auszeichnungen zum Darstellen mathematischer Formeln allerdings so gut wie überhaupt nicht. Der HTML 3.0-Draft ist immer noch verfügbar unter dem URL: `http://www.w3.org/pub/WWW/MarkUp/html3/html3.txt`. Der Update zu den Tabellenauszeichnungen findet sich unter dem URL: `ftp://ds.internic.net/rfc/rfc1942.txt`.

[91] Zum Stand der Entwicklung von HTML 3.2 siehe den URL: `http://www.w3.org/pub/WWW/MarkUp/Wilbur/`

6.1.2 Zur Problematik eines fehlenden Standards

Wie aus Tab. 12 ersichtlich, ist eine *echte* Standardisierung der HTML-Auszeichnungen erst mittelfristig absehbar[92]. Betrachtet man die dynamische Entwicklung im Web-Development-Bereich, kann man nur spekulieren, ob die Schaffung eines Standards – der dann ja auch ständig in kurzen Intervallen aktualisiert werden müßte – aufgrund der augenblicklichen Konkurrenzsituation zwischen den Marktführern reale Gestalt annehmen wird. Neben den besprochenen HTML-Versionen existieren als weitere quasi-Standards die Netscape-Extensions (NEX)[93] und seit kurzem auch einige spezifische Microsoft-Tags (MEX). Diese proprietären Tags können nur vom Web-Client des jeweiligen Herstellers interpretiert werden, alle anderen Browser ignorieren normalerweise diese spezifischen Auszeichnungen (bzw. sollten dies tun).

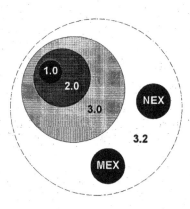

Abb. 46: Zum Ziel der Standardisierung von HTML-Tags durch das W3C

Eine Ausnahme bilden *Frames*, die zur Zeit nur der „Netscape Navigator" unterstützt. Mit Frames läßt sich das Fenster des Web-Clients in verschiedene Bereiche aufteilen, die unabhängig voneinander über Scrollbars betrachtet werden können. Einige Anbieter im WWW unterstützen inzwischen diese Technik aufgrund des hohen Marktanteils des Navigators. Sie stellen damit aber auch sicher, das jeder Benutzer eines anderen Web-Clients diese Informationen *nicht* abrufen kann. Deshalb bieten einige wenige Informationsanbieter neben

---

[92] Wenn überhaupt - man beachte, daß noch nicht einmal HTML 2.0 – inzwischen hoffnungslos überholt – durch das W3-Konsortium (W3C) standardisiert wurde, sondern nur zur Standardisierung ansteht.

[93] Auch *Mozilla-Extensions* genannt. „Mozilla" ist der interne Projektname des Web-Clients „Netscape Navigator".

der Frames-Version auch optional eine normale Darstellung an (was natürlich auch den doppelten Arbeitsaufwand bedeutet). Zudem ist es fraglich, ob sich Frames auf Dauer durchsetzen können, in HTML 3.2 werden sie bis jetzt nicht unterstützt.

6.1.3 Zur Problematik des variablen Mediums

Herkömmliche Medien, wie Zeitungen oder Seitenbeschreibungssprachen – wie etwa Postscript – enthalten immer absolute Textformatierungen, die sicherstellen, daß die Informationen in einer genau definierten Art und Weise dargestellt werden. Zur Problematik eines *variablen* Mediums soll das folgende Beispiel dienen:

Eine absolute Formatierung wäre z.B. die Anweisung: Setze den Titel „Wichtig!" in der Schriftart Helvetica, 20 Pkt. und fett, und den nachfolgenden Text in der Schriftart Helvetica, 12 Pkt., kursiv und fett. Eine logische Formatierung würde diesen Sachverhalt dagegen so darstellen: Formatiere den Titel „Wichtig!" mit dem Attribut „Überschrift - Größe 1 (Header 1)" und den nachfolgenden Text „betont (Emphasized)" und „hervorgehoben (Strong)". Die Worte in Klammer sind die Namen der korrespondierenden HTML-Tags, die im nächsten Abschnitt besprochen werden. Diese logische Formatierung muß nun erst noch mit absoluten Werten belegt werden, die aber durchaus individuell sein können. Diese Werte kann jeder Besitzer eines Web-Clients in diesem – seinen Wünschen entsprechend – einstellen.

Dieses Verfahren hat Vor- und Nachteile. Der Hauptvorteil liegt beim Betrachter der Informationen, denn er kann die Wiedergabe seinen Wünschen entsprechend wählen bzw. ist nicht auf das Vorhandensein eines speziellen Fonts angewiesen, der auf seinem lokalen Rechner vielleicht gar nicht zur Verfügung steht. Der Nachteil (besser: Mehraufwand) liegt beim Informationsproduzenten, der die Darstellung seiner Informationen in einer Art und Weise planen muß, die die verschiedenen Darstellungsweisen berücksichtigt. Er muß dafür Sorge tragen, daß unter möglichst allen Umständen die Informationen in der von ihm beabsichtigten Form wiedergeben werden. Einen Teil dieser Arbeit besorgen die Web-Clients automatisch (Seitenumbruch etc.), jedoch genau darauf muß sich der Informationsdesigner einstellen, um zu verhindern, daß die Informationen bei verschiedenen Fenstergrößen „falsch" umgebrochen werden (z.B. bei komplexen Tabellen). Natürlich ist es unmöglich, alle Kombinationen zu erfassen, aber die wahrscheinlichsten Fälle können und sollten berücksichtigt werden[94].

6.1.4 Das Funktionsprinzip von HTML-Tags

Eine HTML-Seite besteht aus HTML-Tags und der Information, die vermittelt werden soll. Jeder Tag wird in spitzen Klammern eingeschlossen und besteht im Normalfall aus einem Start- und einem End-Tag. Der End-Tag enthält dabei immer den Namen des Start-Tags mit einem vorangestelltem Querstrich (Slash). Die meisten Tags besitzen folgendes Format:

```
<Name_des_Tags>...Inhalt...</Name_des_Tags>
```

Ein einfaches Beispiel mit dem Grundgerüst einer HTML-Seite und dem Beispiel aus dem letzten Abschnitt würde sich wie folgt darstellen:

```
<HTML>
<HEAD>
      <TITLE>Eine einfache HTML Testseite</TITLE>
</HEAD>

<BODY>

<H1>Wichtig!</H1>

<EM>
      <STRONG>Hier steht der nachfolgende Text.</STRONG>
</EM>

<P>Hier steht normaler Text nach einem Zeilenumbruch.

</BODY>
</HTML>
```

Die Einrückungen dienen nur der besseren Lesbarkeit, der Web-Client ignoriert sie, genauso wie hintereinanderfolgende Leerzeichen im Text. Selbst ein Zeilenumbruch muß explizit angegeben werden. Der „Paragraph-Tag" <P> hat wie einige weitere Auszeichnungen kein Pendant. Ein Web-Client, bei dem die serifenlose Schriftart „Helvetica" eingestellt ist, würde diese HTML-Seite folgendermaßen interpretieren:

---

[94] Siehe dazu den Abschnitt „Test der Seiten" ab S. 122

Abb. 47: Eine einfache HTML-Testseite

Eine Diskussion der verschiedenen HTML-Tags würde den Rahmen dieser Diplomarbeit bei weitem sprengen und ist auch nicht im Sinne dieser Abhandlung. Es gibt inzwischen sowohl im elektronischen Bereich als auch bei den Printmedien eine Fülle von Informationen zu diesem Thema[95]. Alle nachfolgenden HTML-Listings sind aber so kommentiert, daß man die grundsätzliche Funktionsweise nachvollziehen kann.

6.2 Templates

6.2.1 Überblick

Templates sind Schablonen für die HTML-Seiten einer Website. Sie beschreiben die Grundformatierungen von Bereichen (Kopfabschnitt, Inhaltsabschnitt, Fußabschnitt) und Elementen (Text, Grafik, Animationen etc.). Anhand von Templates werden die Endformatierungen einer Seite vorgenommen. Die Summe aller Formatierungen bildet mit dem Inhalt (Content) die Endversion einer Seite, so wie sie später dem Besucher erscheint.

---

[95] Dem fortgeschrittenen Anwender sei das Buch „HTML & CGI" von John December und Mark Ginsburg empfohlen (Sams.net 1995), eine exzellente Online-Hilfe ist die „HTML-Reference-Library" von Stephen Le Hunte, zu beziehen über den URL: `ftp://ftp.swan.ac.uk/pub/in.coming/htmlib/`. Siehe dazu auch den Abschnitt „Sonstige Software" auf S. 38

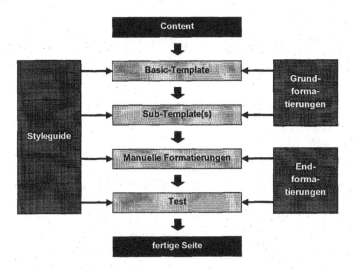

Abb. 48: Übersicht über den Implementationsprozeß

Templates sollen ein kontinuierliches Erscheinungsbild der Inhalte sicherstellen und die Erstellung neuer Seiten effizient gestalten. Die nachfolgende Abbildung demonstriert den prinzipiellen Erstellungsprozeß einer HTML-Seite anhand einer Basic-Template und mehreren Sub-Templates, welche in den folgenden Abschnitten ausführlich behandelt werden:

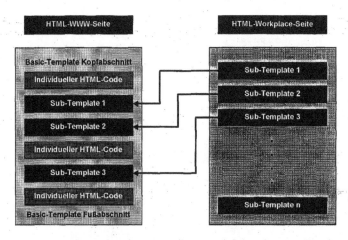

Abb. 49: Schematischer Erstellungsprozeß einer HTML-Seite anhand von Templates

Die in Abb. 49 exemplarisch dargestellte HTML-WWW-Seite wird mit Hilfe einer Basic-Template und dreier Sub-Templates der HTML-Workplace-Seite aufgebaut. Die Basic-Template enthält die Grundstruktur der WWW-Seite, die Sub-Templates normalerweise ein Gerüst – z.B. eine immer wiederkehrende Form von Tabellen – das noch um spezifische Daten ergänzt werden muß, nachdem es in die WWW-Seite eingebaut wurde. Zusammen mit den individuellen Informationen der Seite bilden sie den Inhaltsabschnitt der WWW-Seite.

6.2.2 Die Basic-Template

Jede Website sollte eine Basic-Template besitzen, welche alle Formatierungen für den Kopf-, Inhalts- und Fußabschnitt beinhaltet, die für alle Seiten der Website gelten sollen. Die folgende Abbildung soll den Aufbau einer Basic-Template am Beispiel der Website der Stadt Rüsselsheim verdeutlichen:

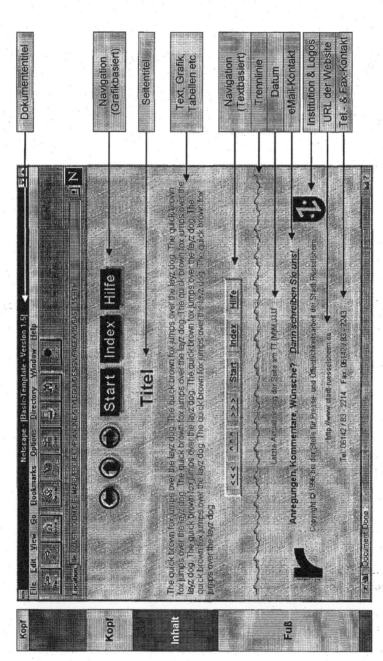

Dokumententitel

Navigation (Grafikbasiert)

Seitentitel

Text, Grafik, Tabellen etc.

Navigation (Textbasiert)

Trennlinie

Datum

eMail-Kontakt

Institution & Logos

URL der Website

Tel.- & Fax-Kontakt

Abb. 50: Basic-Template der Website der Stadt Rüsselsheim

Kopf

Kopf

Inhalt

Fuß

Nachfolgend wird nun exemplarisch der `HTML-Quellcode` der Basic-Template der Website der Stadt Rüsselsheim aus Abb. 50 erläutert:

```
<!DOCTYPE HTML PUBLIC "-//SQ//DTD HTML 2.0 HoTMetaL +
extensions//EN">
```

Diese Zeile in SGML-Syntax legt formal fest, das die nachfolgenden Daten HTML-Auszeichnungen beinhalten und gibt Aufschluß über die verwendete HTML-Version nach RFC 1866. In diesem Fall enthält sie auch einen Hinweis auf (bisher noch) nicht standardisierte Erweiterungen der HTML-Syntax, die im wesentlichen den Netscape- und Microsoft-Extensions entsprechen, sowie Teilen des HTML-Version 3-Drafts.

```
<HTML VERSION="3.0 (draft) and Netscape Extensions">
```

Hinweis des Autors auf die verwendete HTML-Version und der benutzten Erweiterungen.

```
<!--
This Website was conceived, designed and developed
by Erwin J. Knoell, eMail 100.3413@GermanyNet.de,
HomePage http://www.rz.uni-frankfurt.de/~smiling
Page based on Basic-Template Version 1.5
-->
```

Interner Erstellungsvermerk mit Angabe der verwendeten Version der Basic-Template der Website, um eventuell nötige Updates zu vereinfachen. Erscheint nicht auf der Seite.

```
<!--
     IS-ID: 00000
  Erstellt: TT.MM.JJJJ
    Update:
Bemerkungen:
          Amt: Stelle fuer Presse- und Oeffentlichkeitsarbeit
               der Stadt Ruesselsheim
               Mainstrasse 7
               Telefon: 06142 / 83 - 2214
               Telefax: 06142 / 83 - 2243
               eMail: webmaster@stadt-ruesselsheim.de
               HomePage: http://www.stadt-ruesselsheim.de
-->
```

Interne Verwaltungsvermerke. Erscheinen nicht auf der Seite.

➤➤➤ Beginn des Kopfabschnitts

```
<HEAD>
     <TITLE>Basic-Template - Version 1.5</TITLE>
</HEAD>
```

Angabe und Formatieren des Dokumententitels. Erscheint in der Kopfzeile des
Web-Clients.

```
<BODY BACKGROUND="bckgrd01.gif" BGCOLOR="DCDCDC">
```

Laden der Hintergrundgrafik und Definition der Hintergrundfarbe im RGB-
Farbmodell[96] bis diese geladen ist.

```
<CENTER>

        <A HREF="connctme.htm">
                <IMG ALIGN="BOTTOM" SRC="links.gif" ALT="LINKS"
                BORDER="0"></A>

        <A HREF="connctme.htm">
                <IMG ALIGN="BOTTOM" SRC="zurueck.gif" ALT="HOCH"
                BORDER="0"></A>

        <A HREF="connctme.htm">
                <IMG ALIGN="BOTTOM" SRC="rechts.gif"
                ALT="RECHTS" BORDER="0"></A>

        <A HREF="is_start.htm">
                <IMG ALIGN="BOTTOM" SRC="start.gif" ALT="START"
                BORDER="0"></A>

        <A HREF="is_index.htm">
                <IMG ALIGN="BOTTOM" SRC="index.gif" ALT="INDEX"
                BORDER="0"></A>

        <A HREF="is_hilfe.htm">
                <IMG ALIGN="BOTTOM" SRC="hilfe.gif" ALT="HILFE"
                BORDER="0"></A>

</CENTER>
```

Laden und Formatieren der graphischen Navigationselemente und Angabe der
entsprechenden Navigations- und Master-Hyperlinks[97].

◀◀◀ Ende des Kopfabschnitts

▶▶▶ Beginn des Inhaltsabschnitts

```
<CENTER>
        <H1>Titel</H1>
</CENTER>
```

Angabe des Seitentitels.

---

[96] Farbbildschirme stellen alle Farben durch die additive Mischung der drei Grundfarben Rot,
Grün und Blau dar. Es gibt 256 Abstufungen pro Farbe, die im Quellcode in hexadezimaler
Darstellung angegeben werden müssen.

[97] Siehe dazu den Abschnitt „Spezielle Arten von Hyperlinks" ab S. 69

```
<P>The quick brown fox jumps over the lazy dog. The quick
brown fox jumps over the lazy dog. The quick brown fox
jumps over the lazy dog. The quick brown fox jumps over the
lazy dog. The quick brown fox jumps over the lazy dog. The
quick brown fox jumps over the lazy dog. The quick brown
fox jumps over the lazy dog. The quick brown fox jumps over
the lazy dog. The quick brown fox jumps over the lazy dog.
The quick brown fox jumps over the lazy dog.</P>
```

Inhalt der Seite. Hier werden die Informationen der Vorlage[98] (Text, Grafik, Tabellen etc.) eingefügt und eventuell mit Hilfe von Sub-Templates nach Maßgabe des Styleguides aufbereitet.

◀◀◀ Ende des Inhaltsabschnitts

▶▶▶ Beginn des Fußabschnitts

```
<CENTER>

<TABLE BORDER="3" ALIGN="CENTER">

<TR>
        <TD COLSTART="1"></TD>

        <TD COLSTART="2">
                <B><A HREF="connctme.htm">
                        <IMG ALIGN="BOTTOM" SRC="invisi02.gif"
                        ALT="Abstandhalter 2" BORDER="0">
                        &lt; &lt; &lt;
                        <IMG ALIGN="BOTTOM" SRC="invisi02.gif"
                        ALT="Abstandhalter 2" BORDER="0"></A>
                </B>
        </TD>

        <TD COLSTART="3"></TD>

        <TD COLSTART="4">
                <B><A HREF="connctme.htm">
                        <IMG ALIGN="BOTTOM" SRC="invisi02.gif"
                        ALT="Abstandhalter 2" BORDER="0">
                        ^ ^ ^
                        <IMG ALIGN="BOTTOM" SRC="invisi02.gif"
                        ALT="Abstandhalter 2" BORDER="0"></A>
                </B>
        </TD>

        <TD COLSTART="5"></TD>

        <TD COLSTART="6">
                <B><A HREF="connctme.htm">
                        <IMG ALIGN="BOTTOM" SRC="invisi02.gif"
```

---

[98] Siehe dazu den Abschnitt „Ersterfassung der Informationen" ab S. 50

```
                                    ALT="Abstandhalter 2" BORDER="0">
                          &gt; &gt; &gt;
                          <IMG ALIGN="BOTTOM" SRC="invisi02.gif"
                                    ALT="Abstandhalter 2" BORDER="0"></A>
                    </B>
              </TD>

              <TD COLSTART="7"></TD>

              <TD COLSTART="8">
                    <B><A HREF="is_start.htm">
                          <IMG ALIGN="BOTTOM" SRC="invisi02.gif"
                                    ALT="Abstandhalter 2" BORDER="0">
                          Start
                          <IMG ALIGN="BOTTOM" SRC="invisi02.gif"
                                    ALT="Abstandhalter 2" BORDER="0"></A>
                    </B>
              </TD>

              <TD COLSTART="9"></TD>

              <TD COLSTART="10">
                    <B><A HREF="is_index.htm">
                          <IMG ALIGN="BOTTOM" SRC="invisi02.gif"
                                    ALT="Abstandhalter 2" BORDER="0">
                          Index
                          <IMG ALIGN="BOTTOM" SRC="invisi02.gif"
                                    ALT="Abstandhalter 2" BORDER="0"></A>
                    </B>
              </TD>

              <TD COLSTART="11"></TD>

              <TD COLSTART="12">
                    <B><A HREF="is_hilfe.htm">
                          <IMG ALIGN="BOTTOM" SRC="invisi02.gif"
                                    ALT="Abstandhalter 2" BORDER="0">
                          Hilfe
                          <IMG ALIGN="BOTTOM" SRC="invisi02.gif"
                                    ALT="Abstandhalter 2" BORDER="0"></A>
                    </B>
              </TD>

              <TD COLSTART="13"></TD>
</TR>
</TABLE>
</CENTER>
<P></P>
```

Formatieren der Text-Navigationselemente und Angabe der entsprechenden
Hyperlinks. Die hier recht aufwendige Formatierung mit Hilfe einer Tabelle
bewirkt auch bei den Textelementen eine visuell ansprechende Darstellung wie
in Abb. 50 ersichtlich.

```
<CENTER>
    <IMG ALIGN="BOTTOM" SRC="hline02.gif"
         ALT="Texttrenner 2">
</CENTER>
```

Laden und Formatieren der graphischen Texttrennlinie.

```
<CENTER>
<TABLE>
<TR>
    <TD COLSTART="1" COLSPAN="9"></TD>
</TR>

<TR>
    <TD COLSTART="1" COLSPAN="9"></TD>
</TR>

<TR>
    <TD ALIGN="CENTER" COLSTART="1" ROWSPAN="11">
        <IMG ALIGN="BOTTOM" SRC="ftrleft.gif"
             ALT="Grafik unten links">
    </TD>

    <TD COLSTART="2" ROWSPAN="11"></TD>
    <TD COLSTART="3" ROWSPAN="11"></TD>
    <TD COLSTART="4" ROWSPAN="11"></TD>

    <TD ALIGN="CENTER" COLSTART="5">
        <FONT SIZE="-1">Letzte Aktualisierung der Seite
        am TT.(M)M.JJJJ</FONT>
    </TD>

    <TD COLSTART="6" ROWSPAN="11"></TD>
    <TD COLSTART="7" ROWSPAN="11"></TD>
    <TD COLSTART="8" ROWSPAN="11"></TD>

    <TD ALIGN="CENTER" COLSTART="9" ROWSPAN="11">
        <IMG ALIGN="BOTTOM" SRC="ftrright.gif"
             ALT="Grafik unten rechts">
    </TD>
</TR>

<TR>
    <TD COLSTART="5"></TD>
</TR>

<TR>
    <TD COLSTART="5"></TD>
</TR>

<TR>
    <TD ALIGN="CENTER" COLSTART="5">
        <B>Anregungen, Kommentare, W&uuml;nsche?</B>
        <IMG ALIGN="BOTTOM" SRC="invisi02.gif"
             ALT="Abstandhalter 1">
```

```
            <B><A HREF="mailto:webmaster@stadt-
                ruesselsheim.de">
                <I>Dann schreiben Sie uns!</I></A>
            </B>
        </TD>
    </TR>

    <TR>
        <TD COLSTART="5"></TD>
    </TR>

    <TR>
        <TD COLSTART="5"></TD>
    </TR>

    <TR>
        <TD ALIGN="CENTER" COLSTART="5">
            <FONT SIZE="-1">Copyright &#169; 1996 bei der
                Stelle f&uuml;r Presse- und
                &Ouml;ffentlichkeitsarbeit der Stadt
                R&uuml;sselsheim</FONT>
        </TD>
    </TR>

    <TR>
        <TD COLSTART="5"></TD>
    </TR>

    <TR>
        <TD ALIGN="CENTER" COLSTART="5">
            <FONT SIZE="-1">http://www.stadt-
                ruesselsheim.de</FONT>
        </TD>
    </TR>

    <TR>
        <TD COLSTART="5"></TD>
    </TR>

    <TR>
        <TD ALIGN="CENTER" COLSTART="5">
            <FONT SIZE="-1">Tel. 06142 / 83 - 2214
                <IMG ALIGN="BOTTOM" SRC="invisi01.gif"
                    ALT="Abstandhalter 1">
                Fax: 06142 / 83 - 2243</FONT>
        </TD>
    </TR>
</TABLE>
</CENTER>
```

Angabe und Formatieren des Datums der letzten Aktualisierung der Seite, der eMail-Kontaktadresse, des Copyright-Vermerks, des URL der Website und der Kontaktmöglichkeit über Telefon und Fax.

◄◄◄ Ende des Fußabschnitts

```
</BODY>
</HTML>
```

Ende des HTML-Dokuments.

6.2.3 Sub-Templates

Um der sehr großen Zahl von möglichen und unterschiedlich komplexen Fällen gerecht zu werden, kann auch auf Sub-Templates zurückgegriffen werden. Sub-Templates sind HTML-Fragmente für eine bestimmte Aufgabe (z.B. eine immer wiederkehrende Art von Tabellen), die in eine Basic-Template eingesetzt werden können.

Im Idealfall sind in einer Sub-Template nur an den entsprechenden Stellen Texte, Grafiken oder andere Hypermedien einzufügen, um die Seite fertigzustellen. Das Design und die Formatierungen werden durch die Sub-Template sichergestellt.

Sub-Templates sollten am besten in einer speziellen HTML-Workplace-Seite gesammelt werden, die während der Implementationsphase stetig erweitert werden kann, wenn neue Informationsstrukturen dies erforderlich machen.

Nachfolgend ein Beispiel für eine Tabellen-Subtemplate, wie sie sich in einer HTML-Workplace-Seite befinden könnte. Es sind lediglich der Titel und der Text für die Punkte eins bis fünf einzutragen. Die gewünschte Anzahl von Punkten läßt sich durch Kopieren/Löschen eines Teilstücks der Template anpassen:

```
Table-Subtemplate: Link-Menü Groß mit Titel 1-spaltig

<CENTER>
<TABLE>
<TR>
      <TD ALIGN="CENTER" COLSTART="1">
           <FONT SIZE="+3"><B>Titel</B></FONT>
      </TD>
</TR>

<TR>
      <TD COLSTART="1"></TD>
</TR>

<TR>
      <TD ALIGN="CENTER" COLSTART="1">
           <FONT SIZE="+1" COLOR="000055">
```

```
                    <B>F&uuml;r welches Thema interessieren Sie
                      sich ?</B>
            </FONT>
        </TD>
</TR>

<TR>
        <TD COLSTART="1"></TD>
</TR>
</TABLE>
</CENTER>

<P></P>

<CENTER>
<TABLE BORDER="7" CELLPADDING="10">
<TR>
        <TD COLSTART="1"></TD>
        <TD COLSTART="2"><IMG SRC="aufzz01.gif"
            ALT="Aufzählungszeichen 1">
        </TD>
        <TD COLSTART="3">Punkt 1</TD>
        <TD COLSTART="4"></TD>
</TR>

<TR>
        <TD COLSTART="1"></TD>
        <TD COLSTART="2"><IMG SRC="aufzz01.gif"
            ALT="Aufzählungszeichen 1">
        </TD>
        <TD COLSTART="3">Punkt 2</TD>
        <TD COLSTART="4"></TD>
</TR>

<TR>
        <TD COLSTART="1"></TD>
        <TD COLSTART="2"><IMG SRC="aufzz01.gif"
            ALT="Aufzählungszeichen 1">
        </TD>
        <TD COLSTART="3">Punkt 3</TD>
        <TD COLSTART="4"></TD>
</TR>

<TR>
        <TD COLSTART="1"></TD>
        <TD COLSTART="2"><IMG SRC="aufzz01.gif"
            ALT="Aufzählungszeichen 1">
        </TD>
        <TD COLSTART="3">Punkt 4</TD>
        <TD COLSTART="4"></TD>
</TR>

<TR>
        <TD COLSTART="1"></TD>
        <TD COLSTART="2"><IMG SRC="aufzz01.gif"
```

```
            ALT="Aufzählungszeichen 1">
    </TD>
    <TD COLSTART="3">Punkt 5</TD>
    <TD COLSTART="4"></TD>
</TR>
</TABLE>
</CENTER>
```

Diese Sub-Template würde durch einen Web-Client etwa so dargestellt[99]:

Abb. 51: Beispiel für eine Sub-Template

In der folgenden Abbildung wurde diese Sub-Template leicht modifiziert in die Basic-Template der Website der Stadt Rüsselsheim eingefügt und um themenspezifische Informationen ergänzt:

Abb. 52: Die ausgefüllte Sub-Template in einer fertiggestellten HTML-Seite (Ausschnitt)

---

[99] Die Darstellungsweise ist abhängig von der gewählten Schriftart und dem eingesetzten Web-Client. Verschiedene Browser stellen z.B. Tabellen unterschiedlich dar (die *Struktur* bleibt natürlich dieselbe, nur die *Art* der Darstellung variiert). Für die entsprechenden Abbildungen in dieser Diplomarbeit wurde der Web-Client „Netscape-Navigator" eingesetzt.

6.3 Aufbau einer HTML-Seite

6.3.1 Der Kopfabschnitt

Den Navigationselementen auf einer HTML-Seite kommt, wie schon im Abschnitt „Design der Benutzerführung" ab S. 68 diskutiert, eine zentrale Bedeutung zu. Die folgenden Ausführungen beschreiben die Navigationselemente nun aus der Perspektive der Implementation (Vergleiche dazu Abb. 50 auf S. 96):

■ Arten

Um alle Arten von Web-Clients zu unterstützen, gibt es die Navigationselemente in zwei Varianten: Eine graphische und eine textbasierte. Die Bezeichnung und Funktion ist jeweils dieselbe, nur die Darstellung ist unterschiedlich:

Abb. 53: Beispiele für Navigationselemente in verschiedenen Ausführungen

■ Navigation

Es besteht ein fundamentaler Unterschied zwischen der Vor- bzw. Rückwärtsbewegung mittels der Navigationselemente und der Vor- bzw. Rückwärtsbewegung mit Hilfe der in den meisten Webbrowsern vorhandenen Funktionen (z.B. beim *Netscape Navigator* „Back" und „Forward")[100].

Die Funktionen des Browsers zeichnen den Pfad auf, den ein Besucher auf seinem Weg durch das *gesamte* WWW und den Seiten einzelner Websites wählt, wogegen die Funktionen der Navigationselemente aus Abb. 53 sich immer auf eine absolut festgelegte Bewegung durch die Website beziehen, um dem Besucher die angebotenen Informationen so bequem wie möglich zu präsentieren.

---

[100] Siehe dazu auch den Abschnitt „Informationspfad vs. Navigationspfad" auf S. 71

Sinnverwandte Themen sind ringförmig auf jeder Informationsebene miteinander verbunden. Wiederholtes Anklicken einer Richtung mündet also
irgendwann wieder im Ausgangsthema[101]. Die Elemente im einzelnen:

■ Nächstes Thema

Verzweigt zum nächsten Informationssegment des Informationspools.

■ Vorheriges Thema

Verzweigt zum vorherigen Informationssegment des Informationspools.

■ Themenübersicht

Verzweigt zur Themenübersicht der übergeordneten Informationsebene. Diese
Übersicht enthält alle Hyperlinks zu dem Informationspool der Ebene, auf der
sich der Besucher befindet, wenn er das Element anklickt.

■ Startseite

Verzweigt zur Homepage (Start-Informationssegment) der Website.

■ Indexseite

Verzweigt zur Indexseite (Master-Informationssegment) der Website, die mit der
Suchfunktion des Web-Clients durchsucht werden kann. Besitzt der Webbrowser keine Suchfunktion (kaum noch vorzufinden), kann die Indexseite wie
der Index eines Buches verwendet oder durchblättert werden. Die Indexseite
enthält alle Seitentitel der Website, alphabetisch geordnet, als Hyperlinks.

■ Hilfe

Verzweigt zur Hilfe-Seite (Master-Informationssegment), die alle Navigationselemente erläutert und sonstige Hilfestellungen gibt.

---

[101] Zu dieser Technik und den nachfolgend verwendeten Begriffen siehe den Abschnitt „Design
der Benutzerführung" ab S. 68

6.3.2 Der Inhaltsabschnitt

Der Inhalt einer Seite sollte immer den Erwartungen eines Besuchers entsprechen, die er voraussichtlich haben wird, wenn er zuvor einen Hyperlink auf diese Seite aktiviert hat. Der Inhalt sollte den Besucher auch animieren, die Seite in seine *Bookmarks* (Lesezeichen) aufzunehmen. Je besser die Inhalte auf den anvisierten Kundenkreis abgestimmt sind, desto öfter wird dieser Fall eintreten.

Einen Bookmark-Eintrag kann man sich im übertragenen Sinne wie einen Fuß in der Tür vorstellen, denn wenn eine Website den Besucher nicht bei seinem ersten Aufenthalt dazu bewegen kann, die Website in seine Bookmarks aufzunehmen, ist die Wahrscheinlichkeit äußerst gering, daß er es jemals nachholt.

6.3.3 Der Fußabschnitt

Der Fußabschnitt sollte folgende Information bereitstellen:

■ Letzte Aktualisierung der Seite

Jede Seite sollte mit dem Datum der letzten Bearbeitung versehen werden, um dem Besucher einen Anhaltspunkt über die Aktualität der Informationen zu geben, z.B. im Format „Letzte Aktualisierung dieser Seite am TT.MM.JJJJ".

■ Feedback | Anregungen, Kommentare, Wünsche? *Dann schreiben Sie uns!* |

Hier wird den Besuchern die Möglichkeit gegeben, mit den Anbietern der Website zu kommunizieren, z.B. durch folgenden Text: „Anregungen, Kommentare, Wünsche? *Dann schreiben Sie uns!*"

Die Aufforderung „*Dann schreiben Sie uns!*" ist entweder direkt ein Hyperlink zur eMail-Funktion des Web-Clients oder zeigt auf eine spezielle Kontaktseite, von der aus dann die entsprechenden eMail-Adressen verfügbar sind[102]. Bei Aufruf der eMail-Funktion enthält diese automatisch die eMail-Adresse des Web-masters, einer Abteilung oder einer bestimmten Person. Der Besucher gibt lediglich eine Betreffzeile – wie bei eMail üblich – ein und einen Kommentar, eine Frage oder ähnliches und verschickt seine Mitteilung per Mausklick bzw. Knopfdruck an den Empfänger.

---

[102] Siehe dazu auch den Abschnitt „Feedback-Strategie" auf S. 87

■ Copyright-Vermerke ©, Trademarks ™, geschützte Titel ®

Jede Seite sollte zumindest einen Hinweis auf den Urheber der Informationen enthalten (Copyright). Falls nötig, können hier aber auch weitere Angaben zu Trademarks und geschützten Titeln aufgeführt werden. Der Copyright-Vermerk könnte z.B. folgende Form haben: „Copyright © 1996 bei <Urheber>" (juristische oder natürliche Person).

■ URL der Website

Hier wird der URL der Website angegeben, damit er, wenn die Seite von einem Besucher lokal abgespeichert wurde, schnell wiedergefunden werden kann. Der normalerweise im oberen Teil des Webbrowsers sichtbare URL geht nämlich beim lokalen Abspeichern verloren bzw. wird beim Ausdrucken der Seite nicht immer mit angegeben!

■ Telefon- und Faxnummer

Trotz eMail-Adresse kann es manchmal sinnvoll sein, auch über konventionellere Kommunikationswege erreichbar zu sein, z.B. durch die Angabe von Telefon- und Faxnummer, damit ein Besucher auch auf diesem Wege eine zentrale Stelle des Kunden schnell und bequem erreichen kann.

6.4 Kommentiertes Beispiel einer HTML-Seite

Die nachfolgend besprochene Homepage der Website der Stadt Rüsselsheim ist ein Beispiel für eine fertig implementierte HTML-Seite. Sie basiert nur indirekt auf der Basic-Template. Da sie einem Besucher den ersten Eindruck der Website vermittelt, sollte sie ganz besonders ansprechend sein, gleichzeitig aber nicht überladen wirken. Sie enthält deshalb unter anderem animierte Grafiken und eine in *Javascript*[103] geschriebene Lauftextfunktion (News-Ticker). Die Hinweise auf Beginn und Ende des Kopf-, Inhalts- und Fußabschnitts sind zur Orientierung auch hier vorhanden.

---

[103] Siehe dazu den Abschnitt „Java und Javascript" auf S. 140

Abb. 54: Die Homepage der Website der Stadt Rüsselsheim

```
<!DOCTYPE HTML PUBLIC "-//SQ//DTD HTML 2.0 HoTMetaL +
extensions//EN">
```

Diese Zeile in SGML-Syntax legt formal fest, daß die nachfolgenden Daten
HTML-Auszeichnungen beinhalten und gibt Aufschluß über die verwendete
HTML-Version nach RFC 1866. In diesem Fall enthält sie auch einen Hinweis
auf (bisher noch) nicht standardisierte Erweiterungen der HTML-Syntax, die im
wesentlichen den Netscape- und Microsoft-Extensions entsprechen, sowie
Teilen des HTML-Version 3 - Drafts.

```
<HTML VERSION="3.0 (draft) and Netscape Extensions">
```

Hinweis des Autors auf die verwendete HTML-Version und der benutzten Erweiterungen.

```
<!--
This Website was conceived, designed and developed
by Erwin J. Knoell, eMail 100.3413@GermanyNet.de,
HomePage http://www.rz.uni-frankfurt.de/~smiling
Page based on Basic-Template Version 1.5
-->
```

Interner Erstellungsvermerk mit Angabe der verwendeten Version der Basic-Template der Website, um eventuell nötige Updates zu vereinfachen. Erscheint nicht auf der Seite.

```
<!--
        IS-ID: START
    Erstellt: 01.05.1996
      Update: 25.05.1996 - Optimierung des Ladeprozesses
Bemerkungen:
         Amt: Stelle fuer Presse- und Oeffentlichkeitsarbeit
              der Stadt Ruesselsheim
              Mainstrasse 7
              Telefon: 06142 / 83 - 2214
              Telefax: 06142 / 83 - 2243
              eMail: webmaster@stadt-ruesselsheim.de
              HomePage: http://www.stadt-ruesselsheim.de
-->
```

Interne Verwaltungsvermerke. Erscheinen nicht auf der Seite.

➤➤➤ **Beginn des Kopfabschnitts**

```
<HEAD>
```

```
<TITLE>Willkommen in R&uuml;sselsheim!</TITLE>
```

Angabe des Dokumententitels. Erscheint in der Kopfzeile des Web-Clients. Umlaute wie das „ü" in Rüsselsheim und die meisten Sonderzeichen müssen in einem speziellen Format angegeben werden, da sie sich nicht direkt übertragen lassen[104].

```
<script language="JavaScript">
```

```
<!-- // Hide Code Start
```

```
var Speed, Pause=0, Position=0;
```

```
function Lauftext()
{
    var a, b;
```

---

[104] Siehe dazu auch den letzten Absatz im Abschnitt „Dienste nach außen" ab. S. 18

```
var t1 = "Rüsselsheim im Internet: Erreichbar unter
         http://www.stadt-ruesselsheim.de";
var t2 = "";
var t3 = "";

var Text = "*** NEWS-TICKER *** Letzte Meldung: "
         + t1 + t2 + t3;

b = (66 / Text.length) + 1;
for (a = 0; a <= b; a++) Text+=" " + Text;
document.LauftextBox.Lauftext.value =
Text.substring(Position, Position+60);
if(Position++ == Text.length) Position = 0;
Speed = setTimeout("Lauftext()", 50);
}

// Hide Code End -->

</script>
```

Eingebettetes Programm in der Programmiersprache Javascript[105], das einen definierten Text als Laufschrift an einer beliebigen Stelle der Homepage ausgibt.

```
</HEAD>

<BODY ONLOAD="Lauftext()" BACKGROUND="bckgrd01.gif"
BGCOLOR="DCDCDC">
```

Funktion „Lauftext" ausführen, sobald die Seite in den Web-Client geladen wurde. Laden der Hintergrundgrafik und Definition der Hintergrundfarbe im RGB-Farbmodell bis diese geladen ist.

```
<CENTER>
<TABLE>
<TR>
    <TD COLSTART="1">
        <IMG ALIGN="BOTTOM" SRC="ftrright.gif"
            ALT="Wappen Rüsselsheim" WIDTH="54"
            HEIGHT="68">
    </TD>

    <TD COLSTART="2"></TD>
    <TD COLSTART="3"></TD>

    <TD COLSTART="4">
        <IMG ALIGN="BOTTOM" SRC="willkomm.gif"
            ALT="Willkommen in Rüsselsheim" WIDTH="564"
            HEIGHT="46">
    </TD>

    <TD COLSTART="5"></TD>
    <TD COLSTART="6"></TD>
```

---

[105] Siehe dazu den Abschnitt „Java und Javascript" ab S. 140

```
<TD COLSTART="7">
    <IMG ALIGN="BOTTOM" SRC="ftrleft.gif"
    ALT="Logo Rüsselsheim" WIDTH="64"
    HEIGHT="57">
</TD>
</TR>

<TR>
    <TD COLSTART="1"></TD>
    <TD COLSTART="2"></TD>
    <TD COLSTART="3"></TD>

    <TD ALIGN="RIGHT" COLSTART="4"></TD>
    <TD ALIGN="RIGHT" COLSTART="5"></TD>
    <TD ALIGN="RIGHT" COLSTART="6"></TD>

    <TD COLSTART="7"></TD>
</TR>
</TABLE>
</CENTER>
```

Logos und Willkommensschriftzug laden und formatieren.

◄◄◄ **Ende des Kopfabschnitts**

►►► **Beginn des Inhaltsabschnitts**

```
<CENTER>
<TABLE>
<TR>
    <TD COLSTART="1">
        <IMG ALIGN="BOTTOM" SRC="picbut02.gif"
        ALT="Picture Button: Geschichte" WIDTH="70"
        HEIGHT="70">
    </TD>

    <TD COLSTART="2"></TD>

    <TD VALIGN="MIDDLE" ALIGN="CENTER" COLSTART="3">
        <IMG ALIGN="BOTTOM" SRC="online.gif"
        ALT="Online-Animation" WIDTH="150"
        HEIGHT="25">
        <B><FONT SIZE="+3" COLOR="000055">
        R&uuml;sselsheim im
        Internet:</FONT></B>
    </TD>
```

GIF89a - Animation[106] laden und formatieren.

```
    <TD ALIGN="CENTER" COLSTART="4"></TD>
```

---

[106] Die Spezifikation zu GIF89a findet sich unter dem URL: http://www.dcs.ed.ac.uk/
home/mxr/gfx/2d/GIF89a.txt. Spezielle Hinweise zu GIF-Animationen sind unter dem
URL http://members.aol.com/royalef/gifanim.htm verfügbar.

```
      <TD COLSTART="5">
          <IMG ALIGN="BOTTOM" SRC="picbut01.gif"
             ALT="Picture Button: Rathaus" WIDTH="70"
             HEIGHT="70">
      </TD>
  </TR>

  <TR>
      <TD COLSTART="1"></TD>
      <TD COLSTART="2"></TD>

      <TD ALIGN="JUSTIFY" COLSTART="3" ROWSPAN="4">
          <B>Auf &uuml;ber 100 Seiten</B> stellt sich die
          Opelstadt im Herzen des Rhein-Main-Gebiets
          weltweit vor. Diese Pr&auml;sentation wendet
          sich an die B&uuml;rgerinnen und B&uuml;rger
          dieser Stadt, an unsere k&uuml;nftigen
          G&auml;ste und an Professionals: Veranstaltungs-
          Vermarkter auf der Suche nach
          Tagungsm&ouml;glichkeiten, Gewerbefl&auml;chen-
          Makler, Unternehmer und Privatleute, die sich
          f&uuml;r die Ausschreibungen der Stadt
          R&uuml;sselsheim interessieren.
          <B><FONT COLOR="AA0000">
              R&uuml;sselsheim hat viel zu bieten: Lassen
              Sie sich &uuml;berzeugen</FONT></B>.
          Sie k&ouml;nnen auf jeder Seite Kontakt mit uns
          aufnehmen und weitere Informationen anfordern.
      </TD>

      <TD ALIGN="JUSTIFY" COLSTART="4"></TD>
      <TD COLSTART="5"></TD>
  </TR>

  <TR>
      <TD COLSTART="1">
          <IMG ALIGN="BOTTOM" SRC="picbut05.gif"
              ALT="Picture Button: Was ist los"
              WIDTH="70" HEIGHT="70">
      </TD>

      <TD COLSTART="2"></TD>
      <TD COLSTART="4"></TD>

      <TD COLSTART="5">
          <IMG ALIGN="BOTTOM" SRC="picbut06.gif"
              ALT="Picture Button: Treffpunkt" WIDTH="70"
              HEIGHT="70">
      </TD>
  </TR>

  <TR>
      <TD COLSTART="1"></TD>
      <TD COLSTART="2"></TD>
```

```
      <TD COLSTART="4"></TD>
      <TD COLSTART="5"></TD>
</TR>

<TR>
      <TD COLSTART="1">
            <IMG ALIGN="BOTTOM" SRC="picbut07.gif"
                 ALT="Picture Button: Wirtschaft" WIDTH="70"
                 HEIGHT="70">
      </TD>

      <TD COLSTART="2"></TD>
      <TD COLSTART="4"></TD>

      <TD COLSTART="5">
            <IMG ALIGN="BOTTOM" SRC="picbut04.gif"
                 ALT="Picture Button: Karte" WIDTH="70"
                 HEIGHT="70">
      </TD>
</TR>

<TR>
      <TD COLSTART="1"></TD>
      <TD COLSTART="2"></TD>

      <TD ALIGN="CENTER" COLSTART="3" ROWSPAN="1"></TD>
      <TD ALIGN="JUSTIFY" COLSTART="4"></TD>

      <TD COLSTART="5"></TD>
</TR>

<TR>
      <TD COLSTART="1">
            <IMG ALIGN="BOTTOM" SRC="picbut09.gif"
                 ALT="Picture Button: Betriebe" WIDTH="70"
                 HEIGHT="70">
      </TD>

      <TD COLSTART="2"></TD>

      <TD ALIGN="CENTER" COLSTART="3" ROWSPAN="1">
            <B><FONTSIZE="+2" COLOR="000055">
                 Wir freuen uns auf Sie<I>!</I></FONT></B>
            <P></P>
            <A HREF="is_00115.htm">
                  <B><FONT SIZE="+1">Was wir Ihnen zu
                      bieten haben...</FONT></B>
            </A>
      </TD>

      <TD ALIGN="CENTER" COLSTART="4"></TD>

      <TD COLSTART="5">
            <IMG ALIGN="BOTTOM" SRC="picbut10.gif"
```

```
                        ALT="Picture Button: Wir über uns"
                        WIDTH="70" HEIGHT="70">
        </TD>
    </TR>

    <TR>
        <TD COLSTART="1"></TD>
        <TD COLSTART="2"></TD>
        <TD COLSTART="3"></TD>
        <TD COLSTART="4"></TD>
        <TD COLSTART="5"></TD>
    </TR>

    <TR>
        <TD COLSTART="1">
            <IMG ALIGN="BOTTOM" SRC="picbut03.gif"
                ALT="Picture Button: Geschichte" WIDTH="70"
                HEIGHT="70">
        </TD>

        <TD COLSTART="2"></TD>

        <TD ALIGN="CENTER" COLSTART="3" COLSPAN="1">
            <A HREF="is_00117.htm"><B><FONT SIZE="+1">
            Ich war schon hier und mag's kurz und
            b&uuml;ndig...</FONT></B></A>
            <P><form name="LauftextBox">
                    <input type="text" name="Lauftext"
                    size="60"></form></P>
        </TD>
```

Hier wird eine Textbox der Länge 60 erzeugt und die vorher definierte Funktion „Lauftext()" aufgerufen.

```
        <TD ALIGN="CENTER" COLSTART="4"></TD>

        <TD COLSTART="5">
            <IMG ALIGN="BOTTOM" SRC="picbut08.gif"
                ALT="Picture Button: Freizeit" WIDTH="70"
                HEIGHT="70">
        </TD>
    </TR>
    </TABLE>
    </CENTER>
    <P></P>
```

Laden und Formatieren aller Grafiken über Rüsselsheim. Die Angabe der Höhe und Breite trägt zur Optimierung der Seite bei. Sie bewirkt, daß einige Web-Clients die Position und den Platzbedarf der Grafiken schon *vor* dem eigentlichen Ladevorgang berechnen können. Ein Besucher sieht deshalb sofort den Text der Seite (dessen Übertragung selbst bei einer langsamen Verbindung nur einige Sekunden dauert) und während er die ersten Zeilen ließt, bauen sich die Grafiken (Interlaced GIF) synchron auf.

```
<CENTER>
    <IMG ALIGN="BOTTOM" SRC="hline02.gif"
        ALT="Texttrenner 2" WIDTH="756" HEIGHT="16">
</CENTER>
<P></P>
```

Laden und Formatieren der graphischen Texttrennlinie.

```
<CENTER>
<TABLE>
<TR>
    <TD VALIGN="MIDDLE" COLSTART="1">
        <B>Schon</B>
    </TD>

    <TD VALIGN="MIDDLE" COLSTART="2">
        <IMG ALIGN="BOTTOM" SRC="/cgi-bin/Count.cgi?df=
        stadt_ruesselsheim&pad=0&dd=C&ft=0&prgb=FFFFFF
        &md=5" ALT="Besucherzähler">
    </TD>
```

Aufruf des Besucherzählerprogramms mit Parameterübergaben (auf dem Web-Server, auf dem sich die Website befindet) über das *Common Gateway Interface* (CGI)[107]. Das Programm erzeugt eine Grafik des aktuellen Zähler-standes (Rückgabewert), welche über einen Image-Tag in die Seite einge-bunden wird.

```
    <TD VALIGN="MIDDLE" COLSTART="3">
        <B>Besucher haben diese Website seit dem 25.
        Juni 1996 gesehen.</B>
    </TD>
</TR>
</TABLE>
</CENTER>
<P></P>
```

◄◄◄ Ende des Inhaltsabschnitts

►►► Beginn des Fußabschnitts

```
<CENTER>

    <A HREF="is_start.htm">
        <IMG ALIGN="BOTTOM" SRC="start.gif" ALT="START"
            WIDTH="96" HEIGHT="50" BORDER="0">
    </A>

    <A HREF="is_index.htm">
        <IMG ALIGN="BOTTOM" SRC="index.gif" ALT="INDEX"
```

---

[107] Siehe dazu den Abschnitt „Kommunikation über das Common Gateway Interface" auf S. 143

```
                        WIDTH="96" HEIGHT="50" BORDER="0">
        </A>

        <A HREF="is_hilfe.htm">
                <IMG ALIGN="BOTTOM" SRC="hilfe.gif" ALT="HILFE"
                        WIDTH="85" HEIGHT="50" BORDER="0">
        </A>

</CENTER>
<P></P>
```

Laden und Formatieren der graphischen Navigationselemente und Angabe der entsprechenden Master-Hyperlinks[108].

```
<CENTER>
        <IMG ALIGN="BOTTOM" SRC="hline02.gif"
                ALT="Texttrenner 2">
</CENTER>

<CENTER>
<TABLE>
<TR>
        <TD COLSTART="1" COLSPAN="9"></TD>
</TR>

<TR>
        <TD COLSTART="1" COLSPAN="9"></TD>
</TR>

<TR>
        <TD ALIGN="CENTER" COLSTART="1" ROWSPAN="11">
                <IMG ALIGN="BOTTOM" SRC="ftrleft.gif"
                        ALT="Grafik unten links" WIDTH="64"
                        HEIGHT="57">
        </TD>

        <TD COLSTART="2" ROWSPAN="11"></TD>
        <TD COLSTART="3" ROWSPAN="11"></TD>
        <TD COLSTART="4" ROWSPAN="11"></TD>

        <TD ALIGN="CENTER" COLSTART="5">
                <FONT SIZE="-1">Letzte Aktualisierung dieser
                        Seite am 1. Juli 1996</FONT>
        </TD>

        <TD COLSTART="6" ROWSPAN="11"></TD>
        <TD COLSTART="7" ROWSPAN="11"></TD>
        <TD COLSTART="8" ROWSPAN="11"></TD>

        <TD ALIGN="CENTER" COLSTART="9" ROWSPAN="11">
                <IMG ALIGN="BOTTOM" SRC="ftrright.gif"
                        ALT="Grafik unten rechts" WIDTH="54"
                        HEIGHT="68">
```

---

[108] Siehe dazu den Abschnitt „Spezielle Arten von Hyperlinks" ab S. 69

```
            </TD>
      </TR>

      <TR>
            <TD COLSTART="5"></TD>
      </TR>

      <TR>
            <TD COLSTART="5"></TD>
      </TR>

      <TR>
            <TD ALIGN="CENTER" COLSTART="5">
                  <B>Anregungen, Kommentare, W&uuml;nsche? </B>
                  <IMG ALIGN="BOTTOM" SRC="invisi02.gif"
                        ALT="Abstandhalter 1" WIDTH="7"
                        HEIGHT="14"><B>
                  <A HREF="mailto:webmaster@stadt-
                        ruesselsheim.de"><I>Dann schreiben Sie
                        uns!</I>
                  </A></B>
            </TD>
      </TR>

      <TR>
            <TD COLSTART="5"></TD>
      </TR>

      <TR>
            <TD COLSTART="5"></TD>
      </TR>

      <TR>
            <TD ALIGN="CENTER" COLSTART="5">
                  <FONT SIZE="-1">Copyright &#169; 1996 bei der
                        Stelle f&uuml;r Presse- und
                        &Ouml;ffentlichkeitsarbeit
                        der Stadt R&uuml;sselsheim</FONT>
            </TD>
      </TR>

      <TR>
            <TD COLSTART="5"></TD>
      </TR>

      <TR>
            <TD ALIGN="CENTER" COLSTART="5">
                  <FONT SIZE="-1">http://www.stadt-
                        ruesselsheim.de</FONT>
            </TD>
      </TR>

      <TR>
            <TD COLSTART="5"></TD>
      </TR>
```

```
<TR>
    <TD ALIGN="CENTER" COLSTART="5">
        <FONT SIZE="-1">Tel. 06142 / 83 - 2214
            <IMG ALIGN="BOTTOM" SRC="invisi01.gif"
                ALT="Abstandhalter 1" WIDTH="14"
                HEIGHT="14">Fax: 06142 / 83 - 2243
        </FONT>
    </TD>
</TR>
</TABLE>
</CENTER>
```

Angabe und Formatieren des Datums der letzten Aktualisierung der Seite, der eMail-Kontaktadresse, des Copyright-Vermerks, des URL der Website und der Kontaktmöglichkeit über Telefon und Fax.

◄◄◄ Ende des Fußabschnitts

```
</BODY>
</HTML>
```

Ende des HTML-Dokuments.

7. Test

7.1 Test der Website

Vor der Eröffnung der Website sollten alle eingerichteten Dienste ausführlich getestet werden. Dies gilt insbesondere für die korrekte Vergabe der Parameter, die die einzelnen Dienste benötigen. Die Testkriterien für die essentiellen Dienste werden im folgenden besprochen:

7.1.1 eMail

Die folgenden Fragestellungen gelten für alle beteiligten Personen, die mit einer eigenen eMail-Adresse ansprechbar sein sollen. Die Minimalanforderung ist die eMail-Adresse der Webmasters[109].

- Sind für alle beteiligten Rechner die Server-Parameter richtig konfiguriert (SMTP-Server, POP-Server und POP-User Name)?

- Sind alle POP-Passwörter den entsprechenden Personen bekannt?

- Sind alle Identities (Namen und eMail-Adressen) für alle beteiligten Personen (insbesondere dem Webmaster) richtig konfiguriert?

- Verlief das Versenden von Test-eMails mit und ohne Attachments (Anhang von Dateien) positiv?

7.1.2 FTP

Zugang zur Website via FTP sollte nur der Webmaster haben, um die Integrität der Daten zu gewährleisten. Folgende Fragen sind hierbei wichtig:

- Sind FTP-Server und Zugangsberechtigung korrekt eingestellt und das Passwort bekannt?

- Ist der FTP-Client so gut wie möglich angepaßt worden (z.B. Vergabe von Default-Directories für Remote- und Local-Host)?

- Verlief ein Test-Upload bzw. -Download von Dateien positiv?

---

[109] Siehe hierzu auch den Abschnitt „Feedback-Strategie" auf S. 87

7.1.3 Telnet

Auch den Zugang zur Website via Telnet sollte nur der Webmaster besitzen, um zu verhindern, daß z.B. die Dateirechte geändert werden können. Folgende Fragen sind hierbei wichtig:

- Ist der Telnet-Server korrekt eingestellt und das Passwort bekannt?

- Welche Rechte haben die Dateien der Website bzw. welche Voreinstellung wurde getroffen (wichtig!)?

- Können neue Dateien und Verzeichnisse erzeugt werden?

- Können die Dateirechte vom Webmaster auch geändert werden?

7.2 Test der Seiten

Ist eine Seite oder eine Gruppe von Seiten fertig erstellt oder aktualisiert worden, so sollte man sie vor der Freigabe für die Website *ausführlich* testen, um Fehler (z.B. Hyperlinks, die ins Nichts führen) möglichst auszuschließen.

Folgende Punkte sollten dabei beachtet werden:

7.2.1 Inhalt

Der Inhalt jeder Seite sollte korrekturgelesen werden, um eventuell noch vorhandene grammatikalische Unstimmigkeiten zu beseitigen. Auch der Inhalt sollte von den betreffenden Personen auf Aktualität und Korrektheit überprüft werden.

7.2.2 Web-Clients

Um eine möglichst große Zielgruppe mit den gestalteten Informationen zu erreichen, sollte man die HTML-Seiten mit den Web-Clients der zur Zeit führenden Hersteller betrachten, um sicherzustellen, daß die Inhalte wie beabsichtigt interpretiert werden[110]:

- Netscape Navigator (Netscape Communications Corp.)

- Microsoft Explorer (Microsoft Corp.)

---

[110] Siehe dazu auch den Abschnitt „Web-Clients" auf S. 36

■ NCSA Mosaic (University of Illinois)

Bei der Optimierung der Seiten für einen speziellen Web-Client sollten immer nur solche proprietären Tags benutzt werden, die entweder auch von einem Teil der anderen Browser dargestellt werden können oder deren Wegfall das Gesamtbild nicht wesentlich beeinträchtigt. Liebäugelt man z.b. mit dem Einsatz von Frames, so sollte man wissen, daß diese im Augenblick nur der Netscape Navigator unterstützt und man Benutzer anderer Web-Clients damit automatisch vom Betrachten der Seiten ausschließt. Unkritisch wäre dagegen z.B. die Verwendung von Texten in verschiedenen Farben. Ein Browser, der den entsprechenden Tag nicht beherrscht und ihn ignoriert, würde den farbigen Text einfach in der eingestellten Standardfarbe anzeigen. Der Informationsgehalt wäre dadurch nicht beeinträchtigt.

7.2.3 Schriftart und Schriftgröße

Die Schriftart und ihre (Basis-) Größe ist in den gängigen Webbrowsern frei wählbar. Um einen Eindruck zu bekommen, wie die meisten Besucher die Endversion einer Seite sehen werden, sollten diese mit den folgenden Schriftarten und -größen getestet werden:

■ Als Vertreter einer Serifenlosen-Schriftart mit „Arial" oder „Helvetica", Basisschriftgröße (normaler Text): 12 Pkt.

■ Als Vertreter einer Serifen-Schriftart mit „Times New Roman", oder „Times", Basisschriftgröße (normaler Text): 13 Pkt.

■ Als Vertreter einer Proportional-Schriftart mit „Courier New", oder „Courier", Basisschriftgröße (normaler Text): 12 Pkt.

Einige Web-Clients wie z.B. der „Netscape Navigator" erlauben die Zuordnung dieser Schriftarten in Abhängigkeit von verschiedenen Zeichencodes wie z.B. „Latin 1" oder „Latin 2". Dies ist insofern hilfreich, als daß sich durch den bloßen Wechsel des Zeichencodes verschiedene Schriftarten schnell austesten lassen.

7.2.4 Hyperlinks

Alle – bzw. bei aktualisierten Dokumenten alle geänderten – Hyperlinks sollten auf ihre korrekte Funktion getestet werden. Hyperlinks, die sozusagen ins

„Nichts" führen sollten *unbedingt* vermieden werden, da dies bei einem Besucher einen schlechten Eindruck hinterlassen würde.

7.2.5 Seitenaktualisierung

Folgende Fragen sollten nach jeder Aktualisierung einer Seite beachtet werden:

- Wurde das Datum der Seite(n) auf den aktuellen Stand gebracht?

- Sind durch die Aktualisierung bei einer Themenübersicht „Neu!"- oder „Update!"-Eintragungen nötig?

- Alternativ: Müssen durch die Aktualisierung Einträge auf der „Was gibt's Neues?"-Seite ergänzt bzw. geändert werden?

7.2.6 Seitendarstellung

Alle Seiten sollten unter den Auflösungen 640 x 480-, 800 x 600- und 1024 x 768 Bildpunkten betrachtet werden:

- Werden die Informationen bei allen Auflösungen so umgebrochen wie beabsichtigt?

- Ist bei 640 x 480 Bildpunkten keine Grafik zu breit und ragt rechts aus dem Bild?

7.2.7 Seitenlänge

Ist keine der Seiten bei einer Bildschirmauflösung von 800 x 600 Bildpunkten (deutlich) länger als drei „Bildschirme"? Falls doch, sollten die entsprechenden Seiten – wie in Abschnitt „Informationsaufbereitung" auf S. 79 beschrieben – aufgeteilt werden.

7.2.8 Farbauflösung

Alle Seiten sollten unter den Farbauflösungen True- oder Hicolor und 256 Farben betrachtet und folgende Punkte überprüft werden:

- Gibt es bei 256 Farben Probleme mit transparenten Grafiken?

- Sehen die Grafiken auch bei 256 Farben alle gut aus?

7.2.9 Ladezeit

Diese Überprüfung wird erst dann vorgenommen, wenn die Seiten (vorläufig) freigegeben und in die Website via FTP übertragen wurden. Erst hier läßt sich die tatsächliche Ladezeit überprüfen:

- Ist die Ladezeit zufriedenstellend?

- Wie hoch ist die Datenübertragungsrate in KB/s (Kilobyte pro Sekunde)?

Bei dem Web-Client „Netscape Navigator" ist dieser Wert am unteren Bildschirmrand ablesbar. Bei einem ISDN-Zugang ist der Datendurchsatz normalerweise erheblich höher ist als bei einem Modemzugang, deshalb sollte man diese Werte relativieren, um auf einen Wert zu kommen, der ungefähr dem eines 14.400 Baud Modems entspricht (Dies gilt natürlich analog auch für ein 28.800 Baud Modem). Am besten läßt sich die Datenübertragungsrate mit einem richtigen 14.400 Baud Modem überprüfen, welches der augenblicklichen Standardausstattung eines Internet-Teilnehmers entspricht. Normale Datenübertragungsraten bei mittlerer Verbindungsqualität liegen hier zwischen 1,0 bis 1,2 KB/s, bei einer guten Verbindung bis 1,5 KB/s.

Dauert das Laden einer Seite zu lange, so sollte man versuchen Abhilfe zu schaffen (siehe dazu die Abschnitte „Die Wahl der Seitengröße" auf S. 77, „Grafikformate" auf S. 81 und „Farbauflösung und Farbreduktion" auf S. 83).

8. Promotion

8.1 Vorüberlegungen

Die Wege zur Bekanntmachung einer Website sind von deren Inhalt und der anvisierten Zielgruppe abhängig. Auf jeden Fall läßt sich aber eine Einteilung in Werbemaßnahmen über das Internet und solche über konventionelle Medien treffen. Dazu zwei Beispiele:

Eine Firma, die sich mit der Entwicklung von Internet-Technologien befaßt oder als sehr innovativ gelten möchte und weiß, daß die anvisierte Zielgruppe ebenso denkt, wird sich verstärkt auf Werbung via Internet konzentrieren und die konventionelle (und nebenbei vielfach teuerere) Werbung nur flankierend betreiben. Eine Stadt, die sich im WWW präsentieren möchte, muß aufgrund der stark heterogenen Zielgruppe (Bürger, Firmen, Presse etc.) jedoch wesentlich mehr konventionelle Werbung betreiben (Pressemitteilungen, Prospekte, Werbung in Zeitung und Radio), um die Website bekannt zu machen und in einen erfolgreichen Start zu führen.

Es macht jedenfalls Sinn, sich zu Beginn der Werbeaktionen eine Marketing-Strategie zurechtzulegen, denn schon die Informationen der Website müssen wegen der großen Konkurrenz im WWW regelrecht vermarktet werden, ganz abgesehen von den eigentlichen Leistungen der Betreiber.

Fragen, die man sich zu Beginn der Planung stellen sollte, könnten z.B. sein:

■ Wer ist meine Zielgruppe?

■ Wie kann ich meine Zielgruppe ansprechen (gibt es schon bewährte Methoden/Kanäle, die ich nutzen kann)?

■ Was will ich mit meiner Website erreichen?

■ Wie vermittle ich diese Ziele meiner Zielgruppe?

8.2 Werbung im World Wide Web

Um eine neue Website im WWW bekannt zu machen, gibt es vielfältige Möglichkeiten, die zum Teil sogar ohne Zusatzkosten realisierbar sind. Generell kann man aber davon ausgehen, daß kostenpflichtige Werbemaßnahmen im allgemeinen wesentlich günstiger sind als in konventionellen Medien (z.B. eine Anzeigenseite in einer Zeitschrift). Die verschiedenen Möglichkeiten im einzelnen:

8.2.1 Suchmaschinen

Inzwischen gibt es eine Vielzahl von allgemeinen und speziellen Such-maschinen im World Wide Web, die mit Hilfe, von zum Teil sehr verschiedenen Suchalgorithmen, die unzähligen Seiten des WWW oder zumindest deren Homepages indizieren. Ein Benutzer kann einen Suchbegriff eingeben und die Treffer werden ihm in einer Hyperlink-Liste mitgeteilt, so daß er direkt zu einem gewünschten Thema verzweigen kann. Der Eintrag von neuen Websites sowie der Abruf sind in der Regel kostenlos, einige Dienste bieten auch kosten-pflichtige Premium-Dienste an.

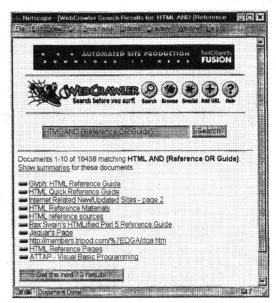

Abb. 55: Beispiel für eine Suchmaschine im World Wide Web

8.2.2 Allgemeine Verzeichnisse

Neben den Suchmaschinen gibt es auch einige Websites, die ihre gesammelten Informationen in einem großen – hierarchisch strukturierten – Verzeichnis anbieten, durch das man sich Schritt für Schritt vorarbeiten kann. Einige dieser

Anbieter offerieren auch hier alternativ die Möglichkeit, nach Stichwörtern in ihrem Verzeichnis zu suchen, um schneller an das gewünschte Ziel zu gelangen. Eine ähnliche Art von allgemeinem Verzeichnis bieten die „Yellow Pages" verschiedener Anbieter. Dort kann man, sehr ähnlich den klassischen gelben Seiten, seine Website unter einer oder mehreren Rubriken eintragen.

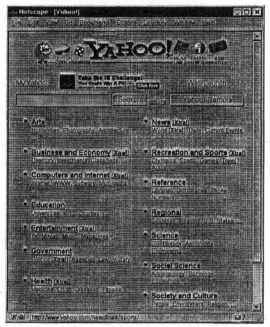

Abb. 56: Beispiel für ein allgemeines Verzeichnis im World Wide Web

Die folgende Tabelle gibt einen Überblick über die derzeit wichtigsten Such-maschinen und allgemeinen Verzeichnisse im World Wide Web[111]:

---

[111] Weitere Anbieter finden sich z.B. unter den URLs: http://www.search.com und http://miso.wwa.com/~boba/search.html

Name:	URL:
WebCrawler	http://webcrawler.com
Alta Vista	http://altavista.digital.com
Open Text	http://www.opentext.com
HotBot	http://www.HotBot.com
Excite Netsearch	http://www.excite.com
Infoseek	http://guide.infoseek.com
Magellan	http://www.mckinley.com/
Inktomi Web Services	http://inktomi.cs.berkeley.edu
Lycos	http://lycos.cs.cmu.edu
Yahoo	http://www.yahoo.com

Tab. 13: Wichtige Recherche-Dienste im World Wide Web

8.2.3 Spezielle Verzeichnisse

Neben den allgemeinen Verzeichnissen sind in letzter Zeit auch immer öfter Verzeichnisse mit Inhalten zu einem fest umgrenzten Themengebiet anzutreffen. Passen die Inhalte der eigenen Website in so ein Verzeichnis, sollten sie auf jeden Fall dort eingetragen werden, da die potentielle Zielgruppe natürlich so wesentlich effektiver angesprochen werden kann.

Abb. 57: Beispiel für ein spezielles Verzeichnis im World Wide Web

8.2.4 Bandenwerbung

Eine weitere Möglichkeit, für die Informationen und Produkte einer Website zu werben, ist die Bandenwerbung auf Websites anderer Anbieter, wie in Abb. 55 und Abb. 57 ersichtlich. Diese Art der Werbung ist natürlich kostenpflichtig, kann aber an der richtigen Stelle zu einem signifikanten Anstieg der Zugriffe auf die eigene Website führen. Die Bandenwerbung besteht im allgemeinen aus einer rechteckigen Grafik, die gleichzeitig einen Hyperlink auf die Hompage der eigenen Website darstellt, so daß ein interessierter, der den Inhalt der Grafik auf den geschalteten Seiten im WWW liest, bequem auf die Informationen zugreifen kann. Einmal auf der eigenen Website angekommen kann man dem Besucher jetzt sein gesamtes Informationsangebot schmackhaft machen und so erreichen, daß er die Website bei Interesse in seine Bookmarks aufnimmt und möglichst bald wieder auf die Seiten zugreift.

8.2.5 Mailing-Aktionen

Es gibt zwei Arten von Mailing Aktionen: einmalige *eMail-Rundschreiben* und *Mailing-Lists*, die ein interessierter Besucher, ähnlich wie eine Zeitschrift, abonnieren kann. Diese Art der Werbung stellt (noch) einen hohen Erinnerungsgrad bei den angeschriebenen Personen sicher, setzt aber voraus, daß man für die Bekanntmachung die eMail-Adressen der potentiellen Zielgruppe kennt. Mailing-Lists lassen sich aber auch über die Seiten auf der Website kommunizieren und führen so nach einer gewissen Anlaufzeit zum angestrebten Ziel. Ein Besucher, der seine eMail-Adresse an geeigneter Stelle der Website hinterläßt, *will* informiert werden und wird daher oft – sofern ihm die Informationen per eMail interessant erscheinen – die Website aufsuchen. Es gibt leider auch schon erste Versuche eMail-Werbung Personen *unaufgefordert* zuzusenden, man erreicht damit aber meistens genau das Gegenteil, da diese Art der „Briefkastenwerbung" im Internet sehr verpönt ist.

8.2.6 Spezielle Hilfen

Für die eigentlichen Eintragungen in die verschiedenen Suchmaschinen und allgemeinen Verzeichnisse existieren inzwischen einige Hilfsmittel, die einem die Eintragungen erleichtern, d.h. man muß die benötigten Informationen nur einmal in ein HTML-Formular eingeben und kann sie dann per Mausklick in mehrere Suchmaschinen und Verzeichnisse übermitteln[112]. Die Dauer zwischen Eintrag und Verfügbarkeit der Informationen variiert inzwischen durch die starke Nachfrage, je nach Anbieter, zwischen einigen Tagen und einigen Wochen.

Eine kleine Anmerkung zu diesen Hilfen: Es kann durchaus Sinn machen, die Informationen doch einzeln einzutragen, da die Anforderungen unterschiedlich sind und – nach meiner Erfahrung – auch eine höhere Abarbeitungspriorität besitzen können, als die durch die Hilfen übermittelten.

---

[112] Siehe dazu z.B. „Submit It!" unter dem URL: http://www.submit-it.com

9. Administration

9.1 Der Webmaster, Definition und Aufgaben

Der Webmaster ist der Verwalter einer Website im World Wide Web. Er stellt sicher, daß die technischen Aspekte einer Website einwandfrei funktionieren und übernimmt zuweilen auch die Aufgaben des System-Administrators. Über die Definition eines Webmasters und seinen Aufgaben gibt eine Vielzahl von unterschiedlichen Definitionen[113], die – je nach Art und Größe einer Website – variieren können. Die Minimalanforderungen werden in den nachfolgenden Abschnitten erläutert.

9.1.1 Sicherstellen der Datenintegrität

Bei der Administration einer Website werden ständig Seiten aktualisiert bzw. neu erstellt. Im Normalfall ist aber der Rechner, auf dem diese Aktualisierungen bzw. Neuerstellungen stattfinden (Local Host), nicht mit dem Rechner identisch, auf dem der Web-Server läuft (Remote Host). Demnach existiert die Website also zweimal, allerdings nicht zu jeder Zeit mit den gleichen Inhalten. Eine wichtige Aufgabe des Webmasters ist es daher, die Datenintegrität zwischen den verschiedenen Versionen auf dem Local- und dem Remote Host in jeder Phase des Projekts zu gewährleisten.

Um die Datenintegrität sicherzustellen, bedient sich der Webmaster im wesentlichen dreier Dienste des Internet, die schon im Abschnitt „Test der Website" auf S. 121 besprochen wurden: Dem WWW, FTP und Telnet. Die folgende Grafik beschreibt nun schematisch den eigentlichen Administrationsprozeß nebst der zugehörigen Protokolle:

---

[113] Siehe dazu z.B. die folgenden URLs http://www.stars.com/Jobs/Webmaster.html
und http://www.cio.com/WebMaster/wm_job.html.

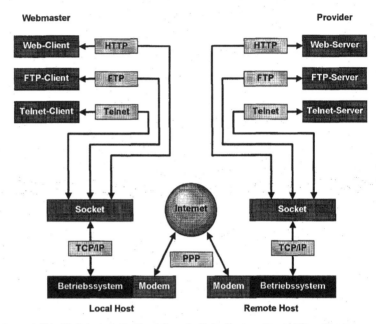

Abb. 58: Schematische Darstellung der Datenübertragung und -überprüfung

Die Erläuterung der Grafik in Abb. 58 will ich an einem alltäglichen Beispiel beschreiben: Eine neu erstellte HTML-Seite wird vom Webmaster zunächst auf dem Local Host mit Hilfe seines Web-Clients überprüft. Ist alles in Ordnung, überträgt er sie via FTP auf dem Remote Host, überprüft via Telnet die Dateirechte und ruft die Seite danach über seinen Web-Client auf dem Remote Host auf, um die Einbindung und die Hyperlinks zu überprüfen. Wie schon an anderer Stelle erwähnt, verwenden alle benötigten Programme ihre eigenen Protokolle, die auf einer Socket-Software aufsetzen, die die TCP/IP-Protokolle zur Verfügung stellen. Auf unterster Ebene werden die einzelnen TCP/IP-Pakete, über ein Modem oder eine ISDN Leitung, in der Regel über das Point-To-Point-Protocol (PPP) übertragen.

9.1.2 Updates und Neuerstellung von Seiten

Den Prozeß des Updates und der Neuerstellung von Seiten einer Website soll das folgende einfache Life-Cycle-Modell erläutern, das die HTML-Seiten-erstellung und den damit verbundenen Aufwand betrachtet:

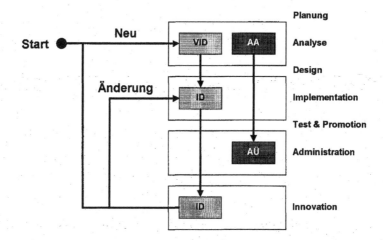

Abb. 59: Einfaches Life-Cycle-Modell ausgewählter Informationen einer Website

Zu Beginn des Projekts wird in der Analysephase den einzelnen Informationssegmenten eine vorläufige Identifikationsnummer (VID) zugewiesen und eine
Aufwandsabschätzung (AA) durchgeführt[114]. Während der Implementationsphase wird dann jedem HTML-Dokument seine endgültige Identifikationsnummer (ID) zugewiesen. Nach dem Test der Seiten und der Promotion der
Website kann der Webmaster in der Administrationsphase aufgrund von
Erfahrungswerten die Aufwandsabschätzung in eine Aufwandsübersicht (AÜ)
überführen, um gesicherte Daten für die weitere Planung zur Verfügung zu
haben. Diese Planung führt in der Innovationsphase zur Erweiterung der
Website durch hinzukommende Seiten und zur Aktualisierung von bestehenden.

9.1.3 Datensicherung

Auch die Datensicherung der Website spielt eine wichtige Rolle und sollte
keinesfalls vernachlässigt werden. Im *Worst-Case*-Fall könnten sowohl die
HTML-Seiten nebst dazugehörige Hypermedien auf dem Remote Host durch
Fahrlässigkeit vernichtet werden als auch die Daten auf dem Local-Host oder
zumindest Teile davon. Obwohl die Problematik eines Datenverlustes nicht
gerade neu ist, wird sie doch sehr oft vernachlässigt und kann im Ernstfall zu
immensen Problemen führen. Daten haben nun einmal die angenehme bzw.

---

[114] Dieser Vorgang wird detailliert im Abschnitt „Ersterfassung der Informationen" ab S. 50
beschrieben.

unangenehme Eigenschaft (je nach Sichtweise), sich völlig rückstandslos recyceln zu lassen. Deswegen versteht sich ein täglicher Sicherungslauf der wertvollen Informationen einer Website und aller damit im Zusammenhang stehenden Arbeitsdaten auf dem Local Host eigentlich von selbst!

9.2 Graphische Administration einer Website

9.2.1 Anforderungen an die Software

Um auch bei einer großen Anzahl von Informationssegmenten den Überblick zu behalten und Zusammenhänge rasch nachvollziehen zu können, benötigt man eine Software zu deren graphischer Verwaltung. Diese Software sollte sich durch folgende Eigenschaften auszeichnen:

1. **Möglichst optimal angepaßt**, d.h. sie sollte nach Möglichkeit direkt auf die Aufgabe zugeschnitten sein.

2. **Einfach und schnell zu bedienen**: Einfach, damit der Einarbeitungsaufwand für den Webmaster gering ist. Schnell, weil dieses System nicht nur bei der Planung zum Einsatz kommt, sondern auch bei der späteren Verwaltung der Website. Verwaltung bedeutet hier das Hinzukommen bzw. Wegfallen von neuen Informationssegmenten oder Hyperlinks.

3. **Variable Ausgabemöglichkeiten**: Gerade bei der graphischen Darstellung einer Website ist es wichtig, die Größe der Ausgabe auf Papier beeinflussen zu können, da die Ausmaße eines Blattes im Format A4 bei weitem nicht ausreichen, um eine Website graphisch sinnvoll darzustellen.

Bei der Website der Stadt Rüsselsheim kam das Programm „ABC Snapgraphics" der Firma *Micrografx Inc.* zum Einsatz, da es die oben angegebenen Kriterien zum Zeitpunkt der Erstellung am besten erfüllen konnte. Die Anpassung wurde über die Erstellung eines speziellen Rasters mit zugehöriger Template realisiert.

9.2.2 Graphische Darstellung einer Website

Wie schon in Def. 6 und Def. 9[115] beschrieben, zeichnen sich Master-Informationssegmente dadurch aus, daß in jedem Standard-Informations-

---

[115] Siehe Abschnitt „Design der Benutzerführung" ab S. 68

segment mindestens ein Master-Hyperlink auf sie zeigt. Der Übersichtlichkeit halber werden diese Master-Hyperlinks bei der graphischen Darstellung *nicht* mit angezeigt. Schon bei einer sehr kleinen Website wie der aus Abb. 41 auf Seite 73 wird der visuelle Unterschied gut deutlich:

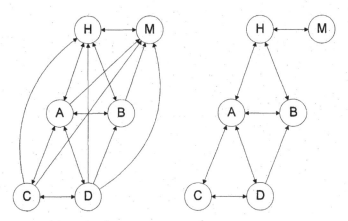

Abb. 60: Darstellung einer Website, links mit und rechts ohne Master-Hyperlinks

Man sollte sich also deshalb an folgende Regel halten[116]:

Regel 1:

■ Bei der graphischen Darstellung einer Website werden nur Navigations- und globale Hyperlinks berücksichtigt.

Graphisch gesehen ist es völlig unerheblich, wie die Informationssegmente angeordnet sind. Um die Übersichtlichkeit zu wahren, sollte jedoch stets folgende Regel berücksichtigt werden:

Regel 2:

■ Die Informationssegmente eines Informationspools sollten nebeneinander, die einzelnen Informationsebenen den Prioritäten entsprechend von oben nach unten angeordnet werden.

Diese Regel läßt sich nicht immer hundertprozentig anwenden, man sollte sich aber wann immer möglich, an sie halten, wie aus folgender Abbildung ersichtlich wird:

---

[116] Vgl. Def. 3 und Def. 5 ab S. 66

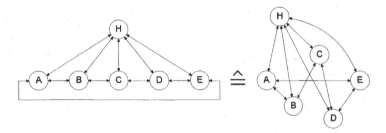

Abb. 61: Zwei äquivalente Websites mit unterschiedlicher
Anordnung der Informationssegmente

Beim Aufbau einer Website enthält jedes Informationssegment Titel und ID der zugehörigen HTML-Datei.

Abb. 62: Beispiel für ein Informationssegment mit Titel und ID

Um stets über die bereits vergebenen IDs informiert zu sein, werden diese in der graphischen Übersicht an separater Stelle mit aufgeführt.

9.2.3 Fallbeispiel: Die Website der Stadt Rüsselsheim

Die Website der Stadt Rüsselsheim enthält neben dem obligatorischen Start-Informationssegment noch zwei weitere Master-Informationssegmente: Eine Hilfe- und eine Index-Seite. Während die Hilfe-Seite dem Besucher die Philosophie der Navigation in der Website auf einfache Art und Weise erläutert, dient die Index-Seite zum schnellen Auffinden von Informationen:

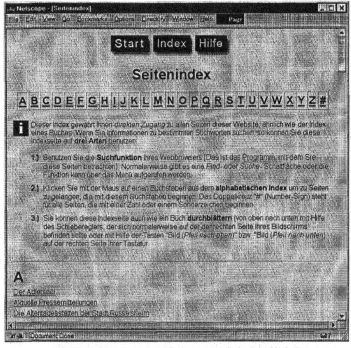

Abb. 63: Das Master-Informationssegment „Index" der Website
der Stadt Rüsselsheim (Ausschnitt)

Die herausnehmbare Grafik auf der nächsten Seite dient als Exempel für die
graphische Administration einer Website, hier am Beispiel der Website der Stadt
Rüsselsheim[117].

---

[117] Zu den Regeln der Darstellung siehe auch den Abschnitt „Design" ab S. 66

Abb. 64: Graphische Übersicht der Website der Stadt Rüsselsheim

10. Innovation

10.1 Überblick und Abgrenzung

Im allgemeinen gilt, daß kein Produkt so gut ist, daß es nicht noch besser gemacht werden könnte. Dies gilt insbesondere für die Entwicklung im World Wide Web. Die zur Verfügung stehenden Technologien und Werkzeuge verändern sich in diesem Bereich rasant, aber auch die Inhalte und die Art der Präsentation unterliegen einer sehr dynamischen Entwicklung. Ist eine Website erst einmal im WWW vertreten und sind die möglichen Potentiale erkannt, ergibt sich oft zwangsläufig die Notwendigkeit zum Ausbau. Neben dieser Erweiterung der Inhalte sollen die folgenden Abschnitte einige Punkte herausgreifen, die eine Website für den potentiellen Besucher noch interessanter machen können. Auf *zukünftige* Entwicklungen geht der Abschnitt „Ausblick" am Ende dieser Diplomarbeit ein.

10.2 Java und Javascript

Kaum eine Programmiersprache hat jemals soviel Aufsehen erregt wie „Java". Anfang 1990 beschäftigte sich bei der Firma *Sun Microsystems* eine Gruppe von Leuten, unter der Leitung von James Gosling[118], mit der Entwicklung einer universellen objektorientierten Programmiersprache für den Bereich Consumer Electronics. Java hieß damals noch „Oak"[119] und sollte zur vernetzten Steuerung von einfachen Apparaten wie Kaffeemaschinen und Toastern eingesetzt werden. Als die Marktakzeptanz nach ein paar Jahren nicht den gewünschten Erfolg hervorbrachte, zeigte der sich langsam entfaltende kommerzielle Internet- und WWW-Boom auf einmal ein ganz neues Einsatzgebiet auf. Java wurde im Mai 1995 als rechnerunabhängige Sprache des World Wide Web vorgestellt und erlangte, quasi über Nacht, einen in dieser Form noch nie dagewesenen Bekanntheitsgrad, insbesondere auch in der breiten Öffentlichkeit[120]. Die

---

[118] Ein Interview mit James Gosling zum Thema Java findet sich in *McCarthy*: „Gosling on Java" in: Datamation, March 1996, S. 31-37, die (teilweise etwas unglückliche) deutsche Übersetzung in: Java Spektrum, Mai/Juni 1996, S. 24-29

[119] Nach einer großen Eiche vor dem Büro von James Gosling. Da dieser Begriff bei Sun aber schon durch eine andere Programmiersprache besetzt war, wurden die Entwickler bei einem Besuch des örtlichen Coffee Shops fündig. „Java" wird im amerikanischen synonym für „Coffee" benutzt.

[120] Eine interessante Abhandlung dazu mit dem Titel „Java: One Year Out - A hype-free analysis of the spread of Java through society" von Bridget Regan findet sich unter dem URL: http://www.webreference.com/java/

wichtigsten Merkmale dieser Programmiersprache werden nachfolgend kurz vorgestellt:

Der wichtigste Punkt ist sicherlich die Portabilität von Java. Java-Quellcode wird zu einen sogenannten Bytecode compiliert, der dann auf dem Client-Rechner von einer plattformspezifischen *Java-Virtual-Machine* (JVM) interpretiert wird. Eine JVM kann man sich als eine CPU auf Softwarebasis vorstellen, die die plattformunabhängigen Befehle des Bytecode in spezifische Instruktionen des verwendeten Betriebssystems bzw. dessen CPU übersetzt. Somit ist es also nun möglich, Programme zu schreiben, ohne die Architektur einer speziellen Rechnerplattform berücksichtigen zu müssen. Kleine Programmteile (Applets) lassen sich in HTML-Seiten einbinden und können so die vielfältigsten Aufgaben ausführen, z.B. die Echtzeitberechnung von Börsenkursen[121]. Vorteile dabei sind das wesentlich niedrigere zu übermittelnde Datenvolumen als bei vorberechneten Grafiken und die Möglichkeit, interaktiv zu agieren.

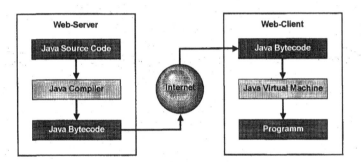

Abb. 65: Prinzip der Verarbeitung eines Java-Programms

Java ist wie „Smalltalk", eine streng objektorientierte Sprache und dem „++"-Teil der Programmiersprache „C++" nicht unähnlich, wobei aber einige Unannehmlichkeiten sinnvollerweise nicht mit übernommen wurden. So muß sich ein Java-Programmierer z.B. keine Gedanken über das fehlerträchtige Speichermanagement in seinem Programmcode machen, denn Java führt automatisch eine „Garbage-Collection" durch, d.h. nicht länger benötigter Speicherplatz wird automatisch wieder freigegeben.

Weitere wichtige Punkte sind die Robustheit von Java-Programmen, d.h. Programmfehler können beim Client-Rechner keinen Systemabsturz auslösen

---

[121] Siehe dazu z.B. die URLs: http://www.bulletproof.com/WallStreetWeb/ oder http://www.hornblower.de/javatrader.shtml

und die Fähigkeit, mehrere Prozesse parallel auszuführen (Multithreading). Auch der wichtige Sicherheitsaspekt wurde berücksichtigt. So ist es unter anderem nicht möglich, daß Applets auf lokale Ressourcen des Client-Rechners zugreifen können, um z.B. Dateien zu verändern oder gar zu löschen (Virenproblematik).

Ein Nachteil ist zur Zeit die Geschwindigkeit, mit der Java-Bytecode interpretiert wird. Ein Java-Programm wird etwa 20 mal langsamer ausgeführt als ein vergleichbares C++ Programm, aber es ist nur eine Frage der Zeit, bis dieses Manko ausgeglichen sein wird. Bestrebungen zur Geschwindigkeitsoptimierung sind derzeit schon im Gange.

```
public class HelloWorld
    {
    public static void main(String argv[])
        {
        system.out.printl("Hello World!");
        }
    }
```

Abb. 66: Das „Hello World" - Programm in Java

Die Programmiersprache „Javascript" wurde ursprünglich von der Firma Netscape unter dem Namen „Livescript" entwickelt und wird heute gerne als der kleine Bruder von Java betrachtet oder auch schon einmal synonym gebraucht, was aber nicht korrekt ist. Auch Javascript ist eine objektorientierte plattform-übergreifende Programmiersprache, wird aber im Gegensatz zu Java *direkt* in die HTML-Seiten eingebettet und vom Web-Client interpretiert[122]. Bis vor kurzem wurde Javascript nur von dem Browser „Netscape Navigator" unterstützt, seit kurzem auch vom „Microsoft Internet Explorer" in der Version 3.0.

Eine Einführung zu Java bietet „The Java Language Environment - A White Paper" von James Gosling und Henry McGilton unter dem URL: http://java.sun.com/doc/language_environment/ oder als Paper-pack direkt von Sun. Unter dem URL: http://java.sun.com ist neben einer Vielzahl von weiteren Informationen rund um Java auch das „Java Development Kit" (JDK) kostenlos für eine Vielzahl von Plattformen erhältlich. Informationen zu Javascript finden sich auf Web-Server von Netscape unter dem URL:

---

[122] Siehe dazu den Abschnitt „Kommentiertes Beispiel einer HTML-Seite" ab S. 109

```
http://home.netscape.com/eng/mozilla/3.0/handbook/
javascript/index.html.
```

10.3 Kommunikation über das Common Gateway Interface

Wie bereits in Abschnitt „Das World Wide Web" auf S. 23 erläutert, funktioniert das Abrufen von HTML-Seiten im WWW nach dem Client-Server-Prinzip. Dabei liegen die HTML-Seiten in *statischer* Form auf dem Web-Server und werden auf Anfrage dem Web-Client zur Verfügung gestellt. Sollen diese Seiten aber erst *dynamisch* zum Zeitpunkt der Anfrage erstellt werden, so läßt sich dies über das Common Gateway Interface (CGI) realisieren. Es stellt eine standardisierte Möglichkeit zur Verfügung, über das Hypertext-Transfer-Protokoll (HTTP) mit externen Programmen auf einem Web-Server zu kommunizieren. Das folgende Beispiel soll die möglichen Potentiale des Common Gateway Interface verdeutlichen:

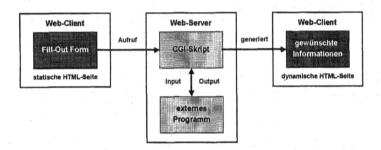

Abb. 67: Beispiel für die Funktionsweise von CGI-Skripts

Im Beispiel in Abb. 67 könnte sich ein Besucher auf einer statischen HTML-Seite eines Computeranbieters über ein „Fill-Out-Form" (das sind HTML-Formular-Auszeichnungen[123]) einen individuellen PC zusammenstellen. Durch das Absenden des Formulars möchte der Besucher nun den Gesamtpreis ermitteln und erfahren, ob die vom ihm gewählten Komponenten auch alle lieferbar sind, also Informationen, die statische Seiten nicht liefern können. Seine Anfrage wird nun via HTTP an das CGI-Skript geleitet, welches nun das Datenbankprogramm des Anbieters aufruft und ihm die entsprechenden Parameter übergibt. Den Output des Datenbankprogramms versieht das CGI-Skript mit HTML-Auszeichnungen und leitet die so erstellte HTML-Seite an den Web-Client zurück.

---

[123] Siehe auch den Abschnitt „Die Hypertext Markup Language" auf S. 88

Natürlich gibt es noch weitere Anwendungsmöglichkeiten für CGI-Skripts, das
Prinzip ist jedoch immer dasselbe. Ein weiteres, oft benötigtes Beispiel, ist das
Einbinden eines Besucherzählers in die Homepage einer Website:

```
<IMG ALIGN="BOTTOM" SRC="/cgi-bin/Count.cgi?

df=Name_der_Website&pad=0&dd=C&ft=0&

prgb=FFFFFF&md=5" ALT="Besucherzähler">
```

Abb. 68: Einbinden eines graphischen Besucherzählers in einen Image-Tag

In Abb. 68 wird eine dynamische Grafik in Form eines Besucherzählers in einem
Image-Tag eingebettet. Der Aufruf des Programms count.cgi, im Verzeichnis
/cgi-bin/ des Web-Servers, ermittelt anhand des Namens der Website den
(durch das Zählerprogramm intern verwalteten) aktuellen Zählerstand und
erhöht ihn um eins. Die weiteren Parameter – jeweils durch das kaufmännische
und „&" getrennt – weisen das Programm an, die Zählerstandsgrafik mit einem
bestimmten Aussehen zu erstellen. Anschließend leitet das Programm die im
GIF-Format erstellte Grafik zurück an den Web-Client. Ein mögliches Ergebnis
läßt sich in Abb. 54 auf Seite 110 betrachten.

CGI-Skripts lassen sich in praktisch jeder Programmiersprache, wie z.B. Visual
Basic der Firma Microsoft oder C++ erstellen. Die von Larry Wall entwickelte
Sprache „Perl" (Practical Extraction and Report Language) bietet sich aber ganz
besonders für die Umsetzung an: Sie bietet eine große Anzahl von zum Teil
sehr mächtigen Operatoren zur Textmanipulation und ist darüber hinaus für die
meisten Rechnerplattformen verfügbar, so daß in Perl geschriebene CGI-Skripts
entsprechend flexibel eingesetzt werden können[124].

---

[124] Eine zugleich amüsante wie lehrreiche Einführung findet sich in *Schwartz*: Einführung in Perl,
1995

11. Ausblick

In keinem anderem Bereich altern Informationen und Produkte schneller als im Internet. Hat ein Produkt, z.B. ein Web-Client, gerade Marktreife erlangt, steht meistens nur einige Wochen später die erste Beta-Release der Folgeversion öffentlich zur Verfügung. Mit Publikationen, die sich mit der Entwicklung des Internet befassen, ist es ähnlich. Etwas überspitzt formuliert könnte man sagen, das alles, was schon über 6 Monate im Internet und insbesondere im WWW existiert *alt* ist, alles was über ein Jahr existiert *sehr alt* und alles, was über zwei Jahre existiert *Geschichte* ist.

So ist es auch nicht verwunderlich, daß seit geraumer Zeit (im Internet-Maßstab) eine neue Technologie dabei ist, sich neben der Hypertext Markup Language zu etablieren und diese in der Zukunft vielleicht in einer Art abzulösen, wie es das World Wide Web einst mit Gopher getan hat: Die *Virtual Reality Modeling Language* (VRML). Sie wurde 1994 auf der ersten WWW-Konferenz in Genf ins Gespräch gebracht und ermöglicht es einem Besucher, sich in einem virtuellen dreidimensionalen Raum zu bewegen. Ein aktuelles Pilotprojekt war die virtuelle Messe, die begleitend zur Fachmesse „Networld+Interop" 1996 in Frankfurt am Main durchgeführt wurde. Genauso wie auf einer realen Messe konnten sich dort Besucher miteinander Unterhalten oder virtuelle Stände von Firmen erforschen. Seit der Version 2.0 (Draft) ist die VRML auch in der Lage, Interaktivität im dreidimensionalen Raum zu bieten[125]. Spezielle Browser, wie z.B. „Cosmo Player" von Silicon Graphics oder Erweiterungen zu bereits bestehenden Web-Clients, wie „Live3D" für den Netscape Navigator ab der Version 3.0, sind über das WWW erhältlich[126] (beide Produkte sind VRML 2.0 - tauglich).

Der Nutzerkreis des Internet und speziell des World Wide Web hat sich in den letzten zwei Jahren grundlegend verändert. Waren es zuvor meist Studenten und andere Mitglieder universitärer Einrichtungen, die die verfügbaren Techno-

---

[125] Eine informative Einführung zur VRML findet sich in dem Buch von *Hassinger/Erwin* (mit dem irreführenden Titel): 60 Minute Guide to VRML, 1995. Aktuelle Informationen zum Stand der Entwicklung finden sich in *Sperlich / Wenz*: „Welten im Netz" in: c't - Magazin für Computertechnik, August 1996, S. 234-241. Einen Überblick zum Thema VRML im WWW findet sich unter den URLs http://www.sdsc.edu/vrml und http://www.heise.de/ct/artikel/96/08/vrml.html

[126] *Cosmo Player* unter dem URL: http://vrml.sgi.com/cosmoplayer/ und *Live3D* unter dem URL: http://www.netscape.com/comprod/products/navigator/live3d/index.html.

---

logien nutzten, ist heute praktisch jeder dazu in der Lage, der über ein gewisses Technikgrundwissen verfügt (Menschen, die keine Videorecorder programmieren können, werden auch als WWW-Konsument mit der Bedienung eines Browsers – zumindest in der heutigen Form – noch ihre Probleme haben). Aber ganz realistisch gesehen ist es nur noch eine Frage der Zeit, bis zumindest eine Teilmenge der heute verfügbaren Technologien so einfach zu bedienen sein wird, daß deren Nutzung *für jedermann* so normal sein wird, wie heute die eines Telefons oder Fernsehers. Die Verschmelzung der klassischen Medien mit dem Internet und der damit verbundenen Interaktivität wird dem Begriff des „Infotainment" erst seine wahre Bedeutung verleihen.

Neben den sicher reizvollen technischen Neuerungen, die uns in der nächsten Zeit erwarten, darf man jedoch auch nicht die damit verbundenen sozialen Aspekte vernachlässigen. Eine Entwicklung, in der immer mehr Menschen zu „Net-Junkies" werden, die Online-Dienste, *Video on Demand* und *Interactive Television* ohne Selbstreflexion konsumieren und in der soziale Kontakte nur noch über Media-Mail und Videophon stattfinden, ist sicher nicht wünschenswert. Zudem gewinnt auch der Aspekt des Datenschutzes personenbezogener Daten durch die voranschreitende Vernetzung stetig an Bedeutung, insbesondere in Staaten, die diesen Aspekt bisher so gut wie gar nicht kennen bzw. zu würdigen wissen.

Anhang

Verzeichnis der Abbildungen

Verzeichnis der Tabellen

Verzeichnis der Definitionen

Literaturverzeichnis

Anklesaria, F. / *McCahill*, M. / *Lindner*, P. / *Johnson*, D. / *Torrey*, D. / *Alberti*, B.:
The Internet Gopher Protocol (a distributed document search and retrieval
protocol), Network Working Group, Request for Comments 1436, March
1993, URL: `ftp://ds.internic.net/rfc1436.txt`

Bacard, André: The Computer Privacy Handbook, Berkeley, Peachpit Press
1995

Berners-Lee, T.: Universal Resource Identifiers in WWW - A Unifying Syntax for
the Expression of Names and Addresses of Objects on the Network as
used in the World-Wide Web, Network Working Group, Request for
Comments 1630, June 1994, URL: `ftp://ds.internic.net/`
`rfc1630.txt`

Berners-Lee, T. / *Masinter*, L. / *McCahill*, M.: Uniform Resource Locators (URL),
Network Working Group, Request for Comments 1738, December 1994,
URL: `ftp://ds.internic.net/rfc1738.txt`

Berners-Lee, T. / *Connolly*, D.: Hypertext Markup Language - 2.0, Network
Working Group, Request for Comments 1866, November 1995, URL:
`ftp://ds.internic.net/rfc1866.txt`

Berners-Lee, T. / *Fielding*, R. / *Frystyk*, H.: Hypertext Transfer Protocol (HTTP)
Version 1.0, Network Working Group, Request for Comments 1945, May
1996, URL: `ftp://ds.internic.net/rfc1945.txt`

Buzan, Tony: Kopftraining - Anleitung zum kreativen Denken, München, Orbis
1990

Centre Europeen pour la Recherche Nucleaire (Europäisches Institut für
Teilchenphysik), URL: `http://www.cern.ch`

CompuServe Inc.: Graphics Interchange Format - Specification - Version 89a,
Columbus (Ohio), 1987, URL: `http://www.dcs.ed.ac.uk/home/`
`mxr/gfx/2d/GIF89a.txt`

Cooper, Frederic J. [et al.]: Implementing Internet Security, Indianapolis, New
    Riders 1995

*European Information Technology Observatory / European Economic Interest
    Grouping:* European Information Technology Observatory 1995, Frankfurt
    am Main, EITO / EEIG 1995

Fielding, R.: Relative Uniform Resource Locators, Network Working Group,
    Request for Comments 1808, June 1995, URL:
    `ftp://ds.internic.net/rfc1808.txt`

Gibson, William: Neuromancer, München, Heyne 1987 (amerik. Original-
    ausgabe: Ace Books, 1984)

Gosling, James / *McGilton,* Henry: The JAVA Language Environment - A White
    Paper, Mountain View, Sun Microsystems 1995, Online verfügbar unter
    dem URL: `http://java.sun.com/doc/language_environment/`

Grell, Detlef [et al.]: „Kontaktvermittler - Kommunikationssoftware" in: c't -
    Magazin für Computertechnik, Mai 1996, S. 210-218

Hamilton, Eric: JPEG File Interchange Format - Version 1.02, Milpitas, C-Cube
    Microsystems, September 1992, URL: `http://www.dcs.ed.ac.uk/`
    `home/mxr/gfx/2d/JPEG.txt`

Hassinger, Sebastian / *Erwin,* Mike: 60 Minute Guide to VRML, Foster City, IDG
    1995

Holtschneider, Henning: „Von Pipelines und Strohhalmen" in: c't - Magazin für
    Computertechnik, Januar 1996, S.114-122

Howen, Georg von der: „Die eigene WWW-Präsenz mit Köpfchen planen" in:
    LAN-Line, Mai 1996, S. 150-156

IETF Secretariat / Malkin, G.: The Tao of IETF - A Guide for New Attendees of
    the Internet Engineering Task Force, Network Working Group, Request for
    Comments 1718 / For Your Information 17, November 1994, URL:
    `ftp://ds.internic.net/rfc1718.txt`

International Organisation for Standardisation (ISO): ISO 8879: Information
Processing - Text and Office Systems - Standard Generalized Markup
Language (SGML), 1986. URL: `http://www.iso.ch/cate/`
`d16387.html`

Internet Society: Information Services, URL: `http://info.isoc.org:80/`
`infosvc/index.html`, Requests for Comments (RFCs), Standards
(STDs), For Your Informations (FYIs), URL: `ftp://ds.internic.net/`

Kantor, Brian / *Lapsley*, Phil: Network News Transfer Protocol- A Proposed
Standard for the Stream-Based Transmission of News, Network Working
Group, Request for Comments 977, February 1986, URL:
`ftp://ds.internic.net/rfc0977.txt`

Klaiber, Simon: „Auffahrt zur Datenautobahn" in: Online-Praxis, Januar 1996,
S. 88-93

Knöll, Erwin J.: Möglichkeiten des technischen Datenschutzes - Eine Einführung
in die Kryptologie, Mai 1994, URL:
`http://www.rz.uni-frankfurt.de/~smiling/u-00100.htm`

Landweber, Larry: Globale Übersicht der Staaten mit Zugang zu Online-
Diensten, Internet Society, Juni 1995, URL: `http://info.isoc.org/`
`images/mapv14.gif`

Levine, John R. / *Baroudi*, Carol: Internet Secrets, Foster City, IDG, 1995

Lottor, M.: Entwicklung der Internet-Hosts 1989-1996 und der Internet-Domains
im DNS, Network Wizards, Januar 1996, URL: `http://www.nw.com/`
`zone/WWW/report.html`

Lux, Harald: Der Internet-Markt in Deutschland - Provider und Dienstleister,
Heidelberg, dpunkt 1995

Malkin, G. / *LaQuey Parker*, T.: Internet User's Glossary, Network Working
Group, Request for Comments 1392 / For Your Information 18, Januar
1993, URL: `ftp://ds.internic.net/rfc1392.txt`

Marine, A. / *Reynolds*, J. / *Malkin*, G.: Answers to Commonly asked "New
Internet User" Questions, Network Working Group, Request for Comments
1594 / For Your Information 4, March 1994, URL:
`ftp://ds.internic.net/rfc1594.txt`

Matrix Information and Directory Services Inc. (MIDS): Informationen zur
Nutzerstruktur der Internet-Dienste, Oktober 1995, URL:
`http://www2.mids.org/ids3/`

McCarthy, Vance: „Gosling on Java" (Interview mit James Gosling) in:
Datamation, March 1996, S. 31-37, Deutsche Übersetzung in: Java
Spektrum, Mai/Juni 1996, S. 24-29

Meissner, René: „Wege in den Stau" in: c't - Magazin für Computertechnik,
Januar 1996, S.124-127

Mockapetris, P.: Domain Names - Concepts and Facilities, Network Working
Group, Request for Comments 1034, November 1987, URL:
`ftp://ds.internic.net/rfc1034.txt`

Mockapetris, P.: Domain Names - Implementation and Specification, Network
Working Group, Request for Comments 1035, November 1987, URL:
`ftp://ds.internic.net/rfc1035.txt`

Ohne Namensangabe: „Einkaufsführer - Internet-Provider" in: UNIX-Open, Juni
1996, S. 122-126

Otte, Peter: The Information Superhighway - Beyond the Internet, Indianapolis,
Que 1994

Perry, Paul J. / *Kernel*, Keith / *Shields*, James: Software entwickeln und
vermarkten, Haar bei München, Markt & Technik 1995

Pflaum, Dieter / *Pieper*, Wolfgang [Hrsg.]: Lexikon der Public Relations, Berlin,
Die Wirtschaft 1990

Pike, Mary Ann [et al.]: Using the Internet, Second Edition, Indianapolis, Que
1995

Postel, J.: Internet Protocol - Darpa Internet Program - Protocol Specification, Information Sciences Institute - University of Southern California, Request for Comments 791 / Standard 5, September 1981, URL: ftp://ds.internic.net/rfc0791.txt

Postel, J.: Transmission Control Protocol - Darpa Internet Program - Protocol Specification, Information Sciences Institute - University of Southern California, Request for Comments 793 / Standard 7, September 1981, URL: ftp://ds.internic.net/rfc0793.txt

Postel, J. / *Reynolds*, J.: Telnet Protocol Specification, Network Working Group, Request for Comments 854 / Standard 2, May 1983, URL: ftp://ds.internic.net/rfc0854.txt

Postel, J.: Domain Name System Implementation Schedule - Revised, Network Working Group, Request for Comments 921, October 1984, URL: ftp://ds.internic.net/rfc0921.txt

Postel, J. / *Reynolds*, J.: File Transfer Protocol (FTP), Network Working Group, Request for Comments 959 / Standard 9, October 1985, URL: ftp://ds.internic.net/rfc0959.txt

Postel, J.: Domain Name System - Structure and Delegation, Network Working Group, Request for Comments 1591, March 1994, URL: ftp://ds.internic.net/rfc1591.txt

Ragget, Dave: Hypertext Markup Language Specification 3.0, <draft-ietf-html-specv3-00.txt>, W3-Consortium, March 1995, URL: http://www.w3.org/pub/WWW/MarkUp/html3/html3.txt

Ragget, Dave: HTML Tables, Network Working Group, Request for Comments 1942, May 1996, URL: ftp://ds.internic.net/rfc1942.txt

Regan, Bridget: Java: One Year Out - A hype-free analysis of the spread of Java through society, May 1996, URL: http://www.webreference.com/java/

Reynolds, J. / *Postel*, J.: Assigned Numbers, Network Working Group, Request for Comments 1700 / Standard 2, October 1994, URL: ftp://ds.internic.net/rfc1700.txt

Rose, Marshall T.: The Internet Message - Closing the Book with Electronic Mail, Englewood Cliffs, Prentice Hall 1993

Rutkowski, A. M.: Zur Entwicklung der Internet-Hosts 1989-1996 und der Internet-Domains im DNS, General Magic Inc., Februar 1996, URL: `http://www.genmagic.com/internet/trends/`

Schwartz, Randal L.: Einführung in Perl, Bonn, O'Reilly / International Thomson 1995

Sperlich, Tom / *Wenz*, Florian: „Welten im Netz" in: c't - Magazin für Computertechnik, August 1996, S.234-241

W3-Consortium: Introducing HTML 3.2, May 1996, URL: `http://www.w3.org/pub/WWW/MarkUp/Wilbur/`

Diplom.de

Wissensquellen gewinnbringend nutzen

Qualität, Praxisrelevanz und Aktualität zeichnen unsere Studien aus. Wir bieten Ihnen im Auftrag unserer Autorinnen und Autoren Wirtschafts-studien und wissenschaftliche Abschlussarbeiten – Dissertationen, Diplomarbeiten, Magisterarbeiten, Staatsexamensarbeiten und Studien-arbeiten zum Kauf. Sie wurden an deutschen Universitäten, Fachhoch-schulen, Akademien oder vergleichbaren Institutionen der Europäischen Union geschrieben. Der Notendurchschnitt liegt bei 1,5.

Wettbewerbsvorteile verschaffen – Vergleichen Sie den Preis unserer Studien mit den Honoraren externer Berater. Um dieses Wissen selbst zusammenzutragen, müssten Sie viel Zeit und Geld aufbringen.

http://www.diplom.de bietet Ihnen unser vollständiges Lieferprogramm mit mehreren tausend Studien im Internet. Neben dem Online-Katalog und der Online-Suchmaschine für Ihre Recherche steht Ihnen auch eine Online-Bestellfunktion zur Verfügung. Inhaltliche Zusammenfassungen und Inhaltsverzeichnisse zu jeder Studie sind im Internet einsehbar.

Individueller Service – Gerne senden wir Ihnen auch unseren Papier-katalog zu. Bitte fordern Sie Ihr individuelles Exemplar bei uns an. Für Fragen, Anregungen und individuelle Anfragen stehen wir Ihnen gerne zur Verfügung. Wir freuen uns auf eine gute Zusammenarbeit.

Ihr Team der Diplomarbeiten Agentur

Diplomica GmbH
Hermannstal 119k
22119 Hamburg

Fon: 040 / 655 99 20
Fax: 040 / 655 99 222

agentur@diplom.de
www.diplom.de